뫼비우스의 영화관

뫼비우스의 영화관

초판 1쇄 찍은 날 2025년 3월 10일
초판 1쇄 펴낸 날 2025년 3월 14일

지은이 | 심은진
펴낸이 | 김삼수
펴낸곳 | 아모르문디
등 록 | 제313-2005-00087호
주 소 | 서울시 마포구 월드컵북로5길 56 401호
전 화 | 070-4114-2665 팩 스 | 0505-303-3334
이메일 | amormundi1@daum.net

ISBN 979-11-91040-47-0 (03680)

뫼비우스의 영화관

심은진 영화 에세이

아모르문디

서문

카프카는 1913년 11월 20일 일기장에 이렇게 적었다. "영화관에 갔었다. 울었다." '영화관'과 '눈물'은 서로 낯설지 않은 조합처럼 보인다. 영화를 보며 카프카가 눈물을 흘린 이유는 무엇일까? 사람들은 흔히 소설을 읽을 때보다 영화를 보며 눈물을 더 많이 흘린다. 영화는 소설보다 직접적으로 정서를 자극하고 감동을 만들어낸다. 움직이는 이미지가 지닌 힘, 영화의 힘 때문이다. 이미지는 문자보다 감각적이고 직관적이다. 그러나 영화에 대한 많은 글은 마치 소설의 줄거리를 설명하는 것처럼 이야기를 중심으로 다룬다. 영화의 줄거리로는 카프카의 눈물을 충분히 설명할 수 없다. 본 것과 이야기 사이에는 간극이 있다. 카프카를 울게 한 영화적인 것, 영화만의 표현을 생각해야 한다. 여기에 모은 글은 '영화적인 것'이 어떻게 정서의 울림과 의미를 만들어내는가에 대한 탐구를 담고 있다.

이 책에 담긴 12편의 글은 등단하여 24년간 쓴 것들이다. 게으름과 결벽증으로 이제야 한 권의 책 속에 글들을 모을 수 있게 되었다. 그동안 영화는 놀랍게 발전하고 변화했다. 12편의 글에는 필름 영화뿐 아니라 현란한 디지털 기술을 자랑하는 최근 영화에 관한 생각이 담겨 있다. 디지털 기술의 등장을 알 수 없었던 감독의 영화, 디지털 기술이 영화를 이처럼 급진적으로 변화시킬 것이라 예견하지 못한 감독의 영화, 혹은 디지털 기술을 통해 새로운 시각적 표현을 연출한 감독의 영화. 넷플릭스와 같은 OTT 플랫폼의 정착으로 관객은 극장의 어둠이 영화의 아우라가 되는 관람 방식을 더는 고집하지 않는다. 그러나, 그럼에도 영화는 영화만의 아우라를 버리지는 못하는 것 같다. 이 책 속의 영화들은 그렇다. 어두운 극장 안을 채우는 빛의 움직임에 매혹된 이들이라면 이 책을 더욱 즐겁게 읽을 수 있을 것이다.

책으로 엮기 위해 오랜 기간 쓴 글들을 꼼꼼히 다시 읽어보니 내가 영화를 바라보는 관점은 영화에 대한 글을 처음 썼을 때와 그리 많이 변하지 않은 것 같다. 내가 쓴 모든 글의 중심에는 '관객'이 있다. 조르조 아감벤Giorgio Agamben은 "인간은 영화관에 가는 유일한 동물이다"라고 말한다. 영화를 본다는 것은 사물의 움직임을 포착하고 색을 구분하는 것과 같은 단순한 시·지각 운동이 아니다. 영화를 보기 위해서는 보이지 않는 것을 상상하고 추론하는 능력이 필요하다. 또한, 영화를 본다는 것은 기억을 소환하고, 감정의 움직임을 경험하는 일이다. 그러기에 장 루이 셰페르Jean Louis Schefer는 영화를 '진동하는 세계이며, 해체되는 세계이고, 재편성되는 세계'라고 하지 않았는가! 이러한 세계의 중심에 '관객'이 있다.

스크린 위에서 펼쳐지는 허구의 세계는 관객의 삶과 뫼비우스의 띠처럼 연결되어 있다. 영화의 세계는 관객의 삶 속에 들어온다. 관객은 새로운 시간을 경험하고 감정의 떨림이 만든 기억을 쌓으며 삶을 확장한다. 이 책의 제목이 '뫼비우스의 영화관'인 이유이다. 영화라는 허구는 관객의 정서를 어떻게 움직이는가, 관객은 영화의 세계를 어떻게 지각하는가, 감독은 어떻게 관객의 상상적 참여를 끌어내는가, 이러한 질문이 모든 글의 출발점이다.

1부는 사랑에 대한 영화이다. 영화가 지닌 감각의 힘은 사랑을 표현하기에 더없이 적절하다. 2부는 진실을 알려주는 영화이다. 무심히 영화를 보고 있는 관객에게 영화는 삶의 진실을 질문하기도 한다. 영화는 관객의 사유를 확장한다. 3부는 영화에 대한 영화이다. 자신을 성찰하는 영화. 영화적인 것은 무엇인가에 대한 질문이 담겨 있다.

이 책에 있는 12편의 글은 다소 긴 설명으로 되어 있다. 영화에 대한 글은 우선 영화를 본 관객을 위한 것이다. 이 책도 그렇다. 그러나 이 책은 영화 비평서가 아니다. 논의한 영화를 보지 않은 이들도 온전한 한 편의 글로 읽을 수 있는 영화-산문집이 되기를 바란다.

여기에 있는 글들은 또한 영화를 만들려는 이들을 위한 것이기도 하다. 이 책은 영화적 장치가 어떻게 모여 하나의 우주와 같은 한 편의 영화를 만드는가에 대한 천착의 결과이다. 영화적 장치는 단지 이야기를 전달하는 기술이 아니다. 훌륭한 감독은 클로즈업, 롱테이크, 몽타주와 같은 장치를 통해서도 삶의 철학을 전달할 수 있다. 미래의 영화감독에게 도움이 될 수 있는 글이면 좋겠다.

이 책을 쓰는데 많은 분들의 도움을 받았다. 마음껏 연구하고 글을 쓸 수 있게 해준 가족, 원고를 검토하고 의견을 준 친구들, 내게 늘 지적 자극을 주는 학생들에게 감사한다. 영상이 넘쳐나는 시대이지만 책이 지닌 가치를 꿋꿋하게 지키려 하는 김삼수 아모르문디 대표에게 존경과 감사를 보낸다.

2025년 2월

차 례

3부 뫼비우스의 띠

1부

내 사랑
빈집에 갇혔네

오, 그리고 곧 사랑할 연인들은 아직 이별을 모른 채 서로에게 미소짓고,
그들 위로 그들의 운명이 밤 동안 황홀하게, 별자리처럼 사라졌다 나타나네.

— 라이너 마리아 릴케

1. 잃어버린 시간과 되찾은 시간

왕가위 • 〈화양연화 花樣年華〉

"사라진 시간은 먼지 가득한 유리창 너머에 있는 것처럼 볼 수는 있지만 만질 수는 없다. 그는 늘 과거의 날들을 기억한다. 만약 이 유리창을 깨트릴 수만 있다면, 그는 이미 사라진 세월로 돌아갈 수 있으리라."

1. 사라진 시간 : 1960년대 홍콩

연인들에게 영원한 사랑은 가능할까? 왕가위Wong Kar-Wai는 사랑을 믿지 않는 것 같다. 엇갈린 사랑, 실연의 상처는 왕가위 영화에 늘 등장하는 중요한 소재이다. 〈화양연화〉(In The Mood for Love, 2000) 역시 이러한 사랑의 테마에서 벗어나지 않는다. 이루지 못한 사랑, 스쳐 가는 사람을 이야기한다는 점에서, 그리고 1960년대 홍콩이 배경이라는 점에서 이 영화는 〈아비정전 阿飛正傳〉(Days of Being Wild, 1990)과 유사하다. 그렇지만 느린 카메라의 움직임과 많은 컷팅, 정적인 장면 연출 등은 이전의 왕가위 스타일과는 다른 모습이다. 그는 한 인터뷰에서 이렇게 말한다. "요즘은 너무 많은 감독이 왕가위처럼 하고 있다. 그래서 나는 다른 것을 해야 한다." 그렇지만, '실연'과 '1960년대 홍콩'은 여전히 왕가위를 사로잡는 소재이다. 이 영화는 〈아비정전〉에 비해 좀 더 전통적이고 낭만적인 사랑을 이야기한다. 〈화양연화〉는 1960년대 홍콩의 일상생활을 재현하였다. 비좁은 아파트, 이웃과의 공동생활, 중국전통 의상과 음식은 등장인물만큼이나 중요하다. 상하이식 홍콩 음식을 먹는 장면을 촬영하기 위해 감독은 실제로 상하이에서 온 여자 요리사에게 음식을 만들도록 했다. 그는 1960년대 홍콩에서 자신이 어린 시절에 느꼈던 분위기, 음식·의상·음악 같은 친숙했던 추억들을 이 영화에서 재현하려 했다.

왕가위에게 1960년대 홍콩은 마치 프루스트의 소설처럼 '잃어버린 시간' 속에서 '되찾고 싶은 시간'들이다. 그는 이렇게 말한다. "나는 이 영화가 나에게 익숙한 모든 종류의 맛을 담고 있기를 원했다. 관객들은 분명 아무것도 알아낼 수 없을 것이다. 그렇지만 이것들은 나에게, 나의 감정에서 중요한 의미가 있다." 1958년 상하이에서 태어난 감독은 다섯 살이 되던 1963년에 홍콩으로 이주한다. 어린 그에게 홍콩은 전혀 새로운 세계, 낯선 시간과 공간이었다. 본토에서 넘어온 사람들 대부분은 홍콩인들과 특별한 접촉 없이 고유한 언어와 생활 방식을 유지하며 공동체를 이루고 살았다. 이러한 모습은 그에게 진정 '특별한 삶'이었다.

영화 속 장면들처럼 1960년대 홍콩은 변화와 교차의 시기였다. 노천 시장의 국수와 레스토랑의 스테이크, 전기밥솥, 해외 출장, 미국으로의 이민 등 전통과 새로운 문화가 마주쳤다. 〈화양연화〉의 이야기가 끝나는 1966년은 특히 의미가 있다. 이 해는 중국 본토에서 문화혁명이 일어나고, 프랑스가 인도차이나반도의 식민 통치를 종식한 때이다. 왕가위 감독이 〈화양연화〉의 이야기를 1966년에 끝나게 설정한 것은 우연이 아니다. 감독은 이렇게 설명한다. "나는 1966년이 홍콩의 역사에서 중요한 시기였다는 점을 말하고 싶었다. 본토에서 건너온 많은 사람은 홍콩의 미래와 정체성을 진지하게 생각했다. 홍콩의 1966년은 어떤 하나가 끝나고 다른 것이 시작되는 때이다."

왕가위에게 〈화양연화〉는 무엇보다도 지나간 시간에 관한 탐구, 잃어버린 시간을 되찾는 작업이다. 영화 속의 사랑 이야기는 '잃어버린 시간'을 되찾는 수단이다. 추억을 되살아나게 하는 것은 무엇보다도 감각적인 것들이다. 프루스트의 소설에서 마들렌 과자와 성당의 종소리가 주인공에게 과거의 시간을 떠오르게 한 것처럼 〈화양연화〉 속에는 왕가위의 어린 시절을 불러올 수 있는 감각적인 것들로 가득하다. 그러기에 이 영화에는 이야기의 극적인 전개도, 복잡한 인물 관계도 없다. 사랑의 배신과 또 다른 만남, 그리고 이별이 영화 전체의 이야기이다. 〈화양연화〉에는 줄거리나 주제의식이 주는 감동보다는 화려한 이미지와 감각적인 음악이 만들어내는 즐거움이 훨씬 많다. 관객은 왜 이런 영화에 열광했을까? 사랑, 배신, 이별이라는 흔한 이야기를 보여주는 이 영화에서 관객이 발견한 것은 무엇일까?

2. 연습 : "우리는 그들과 같지 않아요."

사랑과 이별을, 우리의 삶을 미리 연습할 수 있을까? 대신 살아 볼 수 있을까? 〈화양연화〉에서 리첸과 차우의 사랑 이야기는 삶을 대신하는 연습과 연기로 이루어져 있다. 배우자들의 불륜을 알게 된 리첸과 차우는 서로를 위로한다. 이들이 서로를 위로하는 방식은 특이하다. 각자의 배우자인 것처럼 대화를 나누며, 배신의 상처를 달래준다. "둘은 어떻게 시작하게 되었을까요?"라는 리첸의 질문이 화면 밖 소리로 들려오고 장면이 바뀌어 카메라는 퇴근하며 만난 두 사람의 모습을 보여준다. 두 사람은 서로를 유혹하는 배우자를 상상하며 연기를 한다. 배신을 받아들이는 연습이다. 첫 번째 만남에서는 누가 먼저 유혹했는지를 상상한다. 똑같은 대화가 두 번 반복된다. 처음에는 남자가 유혹하고, 두 번째는 여자가 유혹한다. 두 번째 만남에서는 서로의 배우자인 것처럼 식당에서 스테이크를 먹는다. 차우는 아내에게 하듯 리첸의 접시 위에 겨자를 놓아주고 리첸은 겨자를 좋아하는 차우의 아내가 되어 음식을 먹는다. 리첸의 남편과 차우의 아내가 모두 일본에 있다는 사실을 알게 된 후 리첸은 전화로 "둘이 대체 무엇을 하고 있을까요?"라고 차우에게 묻는다. 이어 장면이 바뀌고 호텔 방에 있는 리첸과 차우의 모습을 보여준다.

서로 상대의 배우자 역할을 하는 것은 환상을 연기하는 것이다. 리첸과 차우는 그들이 보지 못한 것, 상대의 남편과 부인의 욕망을 상상하며 연기한다. 그들에게는 왜 이러한 연기가 필요한 것일까? 이들은 서로를 위로하기 위해, 배신을 받아들이기 위해 연습한다. 그러나 그것은 진실이 아니다. 그들을 떠난 부인과 남편보다 겁이 많은 리첸과 차우는 자신들의 욕망을 감추기 위해 연기를 한다. 연기를 하며 두 사람은 그들과 똑같은 욕망을 확인하고 그들의 배신을 복수하며 또 위로받는다. 이들의 연기는 자신들의 욕망을 사회적 금기와 금기의 위반 사이에 교묘하게 두는 방법이다.

리첸과 차우의 연습은 감춰진 것을 보여준다. 우리는 영화 속에서 단 한 번도 리첸의 남편과 차우의 부인 얼굴을 볼 수 없다. 이들은 외화면에서 목소리로만 존재하거나 혹은 뒷모습으로만 등장한다. 이들의 만남과 사랑도 이들의 모습처럼 감춰져 있다. 리첸과 차우의 연기는 숨겨져 있는, 잠재적으로만 존재하던 두 배우자의 만남과 사랑을 드러내고, 현실화한다. 리첸과 차우의 반복되는 연습, 연기는 비가시적인 것을 가시화하고, 잠재해 있던 자신들의 욕망을 현실화하는 작업이다. 그러므로 리첸과 차우의 연습은 '현존'과 '부재', '가시성'과 '비가시성' 사이의 교환이 이루어지는 곳, '분열된 틈새'이다. 그러나 이들의 반복되는 만남과 연습은 처음과 같을 수 없다. 리첸의 대사는 암시적이다. 처음에 리첸은

"남편은 그렇게 말하지 않아요."라고 말한다. 그러나 다음 만남에서 차우가 "당신 목소리가 듣고 싶어서 전화했다"고 말하자, "제 남편도 늘 그렇게 말했죠."라고 답한다. 환상의 반복 속에서 두 사람은 자신들이 상상했던 욕망의 주체가 된다. 타인의 욕망을 연기하던 리첸과 차우는 자신들의 욕망을 말하게 된다. 이들의 연습은 욕망을 투사하는 장치, 욕망을 표현하는 핑계가 된다.

글쓰기는 욕망을 감추는 또 다른 수단이다. 차우는 이내 현실을 받아들이고, 부인의 배신으로 괴로워하는 대신 자신이 오래전부터 원했던 무협 소설을 쓰기로 한다. 그리고 리첸에게 함께 글을 쓰자고 권한다. 글을 쓰는 일 또한 욕망을 상상적으로 투사하는 작업, 두 사람이 하던 연습과 같은 것이다. 글은 욕망의 대상을 기호 속에 현존시키며 욕망을 대신한다. 글쓰기는 배신을 받아들이는 두 사람의 연습과 같은 것, 욕망의 부재와 현존의 놀이이다. 또한, 글쓰기는 두 사람을 같은 시간과 공간 속에 있게 만드는 훌륭한 핑계이기도 하다.

리첸과 차우의 욕망은 부재가 현존으로 바뀌는 순간, 금기를 위반하게 될 위험에 처한다. "우리는 그들과 같지 않을 거예요"라고 주장하던 리첸과 차우는 결국 그들처럼 욕망을 즐기게 된다. 부재하던 욕망의 대상이 현존으로 바뀌는 지점은 2046방에서 함께 소설을 쓰면서 리첸이 차우에게 던지는 질문에서다. 이 연습에서 리첸은 더 이상 차우의 부인 역할을 하지 않는다. 그녀는 자신의 말을 한다. 차우에게 애인이 있는지를 묻는다. 차우는 몇 번을 부정하다, 그렇다고 대답한다. 같은 대화가 두 번 반복된다. 리첸의 이 질문은 남편에게 하고 싶은 말이었을까? 차우는 리첸 남편의 역할을 하며 대답했을까? 차우는 자신의 사랑을 고백한 것이 아니었을까? 2046방에서의 연습, 리첸의 질문과 차우의 대답은 배우자들의 배신을 확인하는 것이 아니라 서로의 사랑을 확인하는 것이다. 그러나 각자의 진실을 말하는 순간, 두 사람은 금기를 위반하게 된다. 숨겨져 있는 욕망이 발설되는 순간 그들의 사랑은 계속될 수 없다. 잠재해 있고, 감춰져 있어야만 하는 자신들의 욕망이 현실화되어 가시화되는 순간, 리첸과 차우는 '그들과 똑같은 존재'가 된다. 그러기에 이들은 이별해야 한다.

두 사람은 이별을 준비하는 마지막 연습을 한다. 이별 연습은 아직 오지 않은 미래를 현재화하는 것이다. 두 사람은 같은 대화를 반복하고 눈물을 흘리며 헤어지는 연습을 한다. 배신을 받아들이는 연습이 과거를 현재화하는 것이라면, 이별의 연습은 미래를 현재화한다. 리첸과 차우, 두 사람의 이별 연습에는 '시간의 분열'이 담겨 있다. 이들의 연습은 잠재한 것을 드러내고, 흘러간 과거와 오지 않은 미래를 현재화한다. 현재는 변화하고, 지나간다. 그런데 지나가는 시간은 또한 잃어버린 시간, '시간의 흐름 속에서 존재들을 변화시키고 존재했던 것을 없애버리는 시간'이기도 하다. 사랑의 만남과 즐거움, 배신과 이별처럼. 〈화양연화〉의 반복되는 대사, 반복되는 연습, 반복되는 이야기는 시간을 보여주기 위한 장치이다. 모든 사랑의 이야기는 결국 시간을 이야기하는 것 아닐까? 잃어버렸다가 다시 찾고, 나타났다가 사라지는 사랑의 기쁨과 고통은 현재를 통과하면서 과거 속으로 사라져가는 시간과도 같지 않은가? 시간은 보이지 않는 자신의 모습을 드러내기 위해 사랑의 감정을 담은 환등기를 사랑하는 사람들에게 비춘다.

3. 감춤과 드러남

리첸과 차우의 되풀이되는 연습처럼, 영화 속 공간 또한 반복적으로 등장한다. 비좁은 공동 아파트, 좁은 골목길의 계단, 사무실, 좁은 방. 왕가위가 연출하는 1960년대 홍콩의 모습은 사실적이지만 또한 비현실적이다. 두 사람이 우연히 만나는 골목길에는 다른 사람은 보이지 않고 늘 황량하다. 택시를 타고 지나가는 거리에도 네온사인과 가로등의 불빛만이 유리창에 반사될 뿐, 차도 사람도 없다. 두 사람을 위해 모든 것이 사라진 듯하다.

실내의 좁은 공간은 이 시절의 삶을 사실적으로 재현한다. 서로의 몸이 스칠 수밖에 없는 좁은 통로와 계단, 같은 층에 사는 사람들이 함께 사용해야 하는 공동 거실과 부엌. 〈화양연화〉는 단 한 번도 이 공간의 전체 모습을 보여주지 않는다. 왕가위에게 이 비좁은 공간은 영화의 주제를 전달하는 훌륭한 장치이다. 비좁은 공간은 이미지를 감추는 기능을 한다. 좁은 복도 끝에 있는 부엌의 열린 문 사이로 리첸이 보인다. 마작하는 사람들 사이에서 나오는 차우의 모습이 거실의 문 사이로 보인다. 영화는 늘 공간을 감춘다. 문과 창문뿐 아니라, 사무실의 책상, 식당의 칸막이, 그리고 벽은 인물들의 모습을 감추고—더 정확하게는 나타났다 사라지게 하고—다시 드러나게 한다. 〈화양연화〉 속의 인물들은 공간을 자유롭게 움직이지 못한다. 인물의 등 돌린 뒷모습과 몸의 일부를 포착하는 시선 역시 부분만을 보여주는 장치이다. 대화 장면에서는 쇼트와 역쇼트의 기법이 거의 이루어지지 않고, 대화자의 모습과 외화면에 있는 상대방의 목소리만을 들려주기 때문에 마치 화면의 일부가 잘린 듯한 느낌을 준다.

이러한 '감춤'은 프레임 안에서의 장면 배치뿐 아니라 편집으로도 이어진다. 〈화양연화〉는 많은 컷팅으로 이루어져 있다. 커트가 만들어내는 시·공간적인 잦은 단절은 이야기의 흐름을 끊는다. 또한, 장면 사이에 자주 암전을 배치하여 이야기 사이의 인공적인 '감춤'을 표현한다. 암전의 사용은 장면 연출에서 벽이나 문이 만들어내는 것과 같은 효과, 다시 말해 시·공간적인 틈새를 만든다.

감춰진 공간과 생략된 이야기로 이루어진 〈화양연화〉는 마치 아직 완성되지 않은 영화처럼 보인다. 두 사람은 정신적인 사랑만을 나누었을까? 리첸은 남편에게 돌아갔을까? 리첸 아들의 아버지는 누구일까? 〈화양연화〉는 부분만으로 이루어진 온전하지 않은 영화, 모호함으로 가득 찬 영화이다. 그렇다면 혹시 관객이 본 것은 영화를 만들면서 삭제한 이미지들의 나열, 영화의 자투리에 불과한 것은 아닐까? 영화 속의 생략된 화면들, 프레임 속의 감춰진 이미지들은 관객에게 궁금증을 자아낸다.

외화면은 영화 스크린의 특징이다. 영화 이미지를 바라보는 관객의 시각은 필연적으로 부분적이다. 영화의 감춰진 부분은 관객의 추론과 상상을 유도한다. 그런데 왕가위는 이러한 감춤을 더욱 강조한다. 왕가위는 한 인터뷰에서 이렇게 말한다. "〈화양연화〉를 사랑의 이야기로 다루는 대신 서스펜스 영화나 스릴러처럼 접근하기로 했다…. 따라서 신을 아주 짧게 하고 긴장감을 계속 만들어내고자 했다. 그래서 관객이 충격을 받았으리라. 고전적인 러브스토리를 기대했을 테니."

흔한 사랑 이야기가 진부하지 않게 느껴지는 것은 생략된 줄거리와 많은 컷팅, 암전으로 이루어진 세련된 편집, 공간을 감추는 장면 연출 덕분이다. 환상은 감춰진 공간에서 만들어진다. 영화의 부분적인 시각은 에로티시즘과 연결된다. 리첸과 차우가 택시 안에서 손을 잡는 장면이 이 영화에서 유일하게 두 사람의 육체적인 접촉을 표현한다. 그렇지만, 리첸의 치파오 사이에서 얼핏 보이는 다리, 감춰진 목과 드러난 팔, 옷 사이로 살짝 보이는 그녀의 육체가 에로틱한 매력을 만들어내는 것처럼, 비좁은 공간 속에서 두 사람의 손과 어깨가 스칠 때, 감추어진 사랑의 이야기는 더욱 감각적인 것이 된다.

그런데 창문이나 문처럼 인물을 감추고 드러나게 하는 것들은 바라보는 이의 시점에서는, 즉 관객의 시점에서는 이편과 저편을 나누는 장치이기도 하다. 문 저편에 리첸의 모습이 나타났다 사라진다. 그렇다면 이편에서 그녀를 바라보는 시선은 누구의 것인가? 이러한 시선은 특히 카메라의 움직임에 의해 강조된다. 카메라의 느린 움직임은 마치 인물들이 벽이나 칸막이 뒤에 숨어 있다 나타나는 것처럼 만든다. 카메라의 움직임은 감춤과 드러남을 보여주는 또 다른 장치이다. 그렇다면 관객이 있는 이편에서 느리게 움직이는 카메라의 시선은 누구의 것인가?

영화는 자주 카메라의 시선을 강조한다. 골목길의 장면은 증인으로서, 혹은 훔쳐보는 자로서의 카메라의 존재를 잘 표현한다. 두 사람이 골목길에서 우연히 만날 때, 혹은 이별 연습을 할 때, 카메라는 두 사람을 따라가다 갑자기 위치를 바꿔 창살 뒤쪽에서 이들을 바라본다. 골목길에 있는 집 창문의 창살을 통해 바라본 장면이다. 두 사람은 갇힌 사람들처럼 창살 저편에 있고, 카메라는 이쪽에서 그들을 바라본다. 왕가위는 왜 이편과 저편으로 공간을 나누려 했을까? 카메라가 있는 이편은 관객이 영화를 바라보는 공간, 칸막이가 감추고 있는 저 너머의 공간은 영화의 이야기가 펼쳐지는 공간이다. 감춰진 사이로 연인들을 엿보는 시선은 관음증적이다. 창살 뒤에서, 혹은 문틈 사이로 몰래 바라보는 시선. 그래서 인물들은 카메라의 시선에 무심하다. 그런데 이 관음증의 시선에는 시간이 담겨 있다.

우리는 사랑의 시간을 얼마나 기억으로 보존할 수 있을까? 사랑의 추억에는 관음증적인 요소가 있다. 사랑하는 사람의 모든 것을 기억하고 싶지만, 우리는 모든 것을 기억해 낼 수 없다. 사랑하는 순간에는 몸짓, 한마디 말, 미소가 어떤 의미를 지니고 있는지 가려내지 못하기 때문이다. 망각은 저장된 기억을 감추고, 추억은 남아 있는 기억을 보여준다. 살짝 열린 문틈 사이로, 열쇠 구멍 사이로 얼핏 보이는 모습, 감춰진 곳 사이로 얼핏 보이는 것들은 관음증적인 욕망을 자극한다. 잃어버린 시간 속에서 우리는 모든 시간을 되찾을 수 없기에 더욱 간절하다.

〈화양연화〉는 감춰진 기억과 떠오르는 추억이 만들어낸 장면들을 표현한다. 우리 삶의 매 순간은 현재에 대한 '지각'과 과거에 대한 '회상'으로 이루어져 있다. 카메라가 있는 이편의 시선과 칸막이 저편이 만나는 곳에서 시간의 분화가 이루어진다. 시간의 증인인 카메라가 있는 이쪽은 흘러가는 시간, 현재성을 보여준다면, 칸막이 저편의 감추어진 세계는 과거로 보존되는 현재이다. 그곳은 회상으로 찾을 수 있는 시간이다. 바라보는 자는 현재에서 과거를 되찾으려 하는 자, 이편에서 잃어버린 시간을 찾는 자이다. 칸막이는 리첸과 차우의 연습처럼 시간의 '분열된 틈'을 보여준다. 그곳은 잃어버린 시간, 사라진 시간과 현재의 시간이 만나는 곳, 회상과 지각이 만나는 곳이다. 리첸과 차우의 사랑은 비좁은 공간 속에 갇혀 있고, 감추어져 있다. 그러기에 두 사람의 사랑의 시간은 '이미', '잃어버린 시간'처럼 나타난다.

4. 스크린의 흐릿한 표면들

거울은 전체가 아닌 부분만을 보여준다는 점에서 창문이나 문과 유사한 기능을 한다. 그렇지만 거울 속의 이미지는 실재가 아닌 것, 부재의 현존이다. 〈화양연화〉에는 거울에 반사된 이미지가 빈번하게 등장한다. 남편의 외도를 알게 된 리첸이 울면서 목욕하는 장면에서 카메라는 거울이 있는 벽을 보여주고, 이어 화면 가득 거울에 반사된 방의 모습을 담는다. 리첸이 차우에게 책을 빌릴 때도, 차우가 영원히 떠난 2046방에서 리첸이 혼자 울 때도, 싱가포르에서 차우가 아무 말 없는 리첸의 전화를 받을 때도 거울은 이들의 모습을 지켜본다. 〈화양연화〉 속의 거울은 이미지를 비추기 위해서만 그곳에 있는 것은 아니다. 왜냐하면, 인물들은 마치 거울이 그곳에 없는 듯, 거울에 눈길 한번 돌리지 않고 무심하기 때문이다. 그보다 거울은 관객이 보지 못한 것을 보여주기 위한 장치이다. 여러 면을 동시에 반사할 수 있는 거울은 숨겨져 있는 모습을, 잠재해 있는 것을 드러낸다.

　차우가 떠난 2046방에서 리첸이 혼자 울고 있을 때, 그녀의 뒤쪽에 있는 두 면으로 된 거울은 리첸의 뒷모습과 옆모습을 비춘다. 울고 있는 그녀의 모습과 함께 보이스오버의 독백이 들려온다. "나예요, 내게 자리가 있다면, 내게로 돌아올 건가요?" 관객은 울고 있는 리첸과 거울이 반사하는 리첸의 모습에서, 과거와 현재 그리고 미래를 본다. 차우와 이별 연습을 할 때 관객은 이미 리첸의 눈물을 보았다. 거울 속 그녀의 등 돌린 모습처럼, 이제는 과거 속으로 들어간 눈물과 차우가 떠난 방에서 혼자 흘리는 현재의 눈물이 있다. 옆모습만 보이는 또 다른 거울 속의 리첸에게서 관객은 마음속 말을 하는 그녀의 모습을 본다. 리첸의 독백은 미래에 속한 것이다. 싱가포르에서 차우에게 건 말 없는 전화의 고백을 우리는 미리 들은 것이다. 이 독백은 차우에게 전화로 하고 싶은 말, 그러나 차마 말로는 할 수 없는 고백, 미래의 시간이다. 거울은 이처럼 공간을 포착하지만, 시간도 포착한다. 이 영화에서 거울은 공간처럼 나뉘는 시간, 분화되는 시간을 표현하는 훌륭한 장치이다. 거울은 시간이 분화되는 지점, 현재적인 것과 잠재적인 것, 과거와 미래가 분화되는 지점이다.

그런데 〈화양연화〉 속의 여러 거울은 자신의 투명성을 감춘다. 거울은 시간의 흔적이 담긴 것처럼 얼룩이 있거나 상처가 있다. 혹은 거울 속 이미지가 담배 연기에 흐려지거나 근원을 알 수 없는 빛의 반사로 뿌옇게 되어 프레임의 가장자리가 흐릿하게 보이기도 한다. 2046방에서 리첸과 차우가 글을 쓰는 장면은 흐릿한 거울에 반사된 두 사람의 모습을 여러 번, 그리고 오랫동안 보여 준다. 글을 쓰고 있는 차우, 원고를 읽고 있는 리첸의 모습이 거울에 반사되어 나타난다. 카메라는 두 사람의 거울 속 모습을 천천히 원을 그리듯 움직이며 보여준다. 이 공간에서 보낸 시간은 두 사람에게 가장 행복한 순간들, '화양연화'의 시간이다. 그러나 이들의 모습은 '먼지 낀 유리창'을 통해 바라보는 이미지처럼 흐릿한 영상이다. 2046의 호텔 방의 장면은 이러한 흐릿한 이미지들, 스크린의 투명성을 방해하는 것들로 가득하다. 붉은색의 얇은 커튼 저편에서 두 사람의 모습이 흐릿하게 보인다. 카메라가 창문 앞에서 음식을 먹고 있는 차우의 모습을 보여 줄 때도 리첸은 흐릿한, 거의 모습을 알아볼 수 없는 모습으로 방 안쪽에서 차우를 부른다.

〈화양연화〉에는 투명한 스크린을 방해하는 것들, 스크린의 표면을 둘로 나누는 많은 것들이 있다. 리첸 사무실에 걸린 하늘거리는 반투명의 흰 커튼, 유리창의 투명함을 방해하는 밤거리의 불빛, 리첸과 차우의 모습을 보여주는 택시의 유리창, 신문사 이름이 적힌 차우 사무실의 유리창. 투명해야 할 스크린은 이러한 장치들로 흐려지거나 불투명해진다. 그런데 이것들은 이미지 일부를 감추는 칸막이처럼 스크린의 표면을 가로막으며 세계를 스크린 이편과 저편으로 나눈다. 흐릿한 영상은 과거의 시간이다. 이 흐릿한 막들은 '시간의 분화'를 표현한다. 바라보는 현재와 회상으로 기억되는 과거가 흐릿한 막을 경계로 나뉜다. 사라진 사랑의 달콤한 시간과 잃어버린 시간을 찾으려는 간절한 시선이 만난다. 그렇지만 과거는 언제나 커튼 뒤의 이미지처럼 흐릿할 뿐, 네온사인과 전등 빛이 반사된 택시 유리창 너머로 보이는 이미지처럼 불투명한 흔적으로만 존재한다.

　왕가위는 영화를 만들 때 무엇보다도 '공간'을 중요시한다. "내가 시나리오에서 가장 중요하게 여기는 일은 공간을 아는 것이다…. 마음속에 어떤 공간을 그리면 모든 것들이 조금씩 저절로 나타난다." 우리는 사랑하는 이와 보낸 행복한 시간을 어떻게 측정할까? 그 시간은 언제 시작되었고, 또 언제 끝나게 되는지, '이전'과 '이후'의 시간은 어떻게 나타날까? 2046방이 있는 호텔의 복도는 사랑의 망설임, 기대, 이별, 슬픔의 시간을 표현하는 중요한 공간이다. 호텔 방에서 함께 글을 쓰기 위해 처음 차우를 찾아갔을 때, 리첸은 여러 번 계단을 오르내리고 복도를 오가며 망설인다. 빠른 컷, 흔들리는 카메라 움직임, 걷고 있는 발의 클로즈업은 망설임의 시간을 표현한다. 리첸이 차우와 함께 시간을 보낸 후 이 방을 떠날 때, 이 영화에서 시간에 대한 가장 멋진 장면 중 하나가 연출된다. 리첸은 복도 끝을 향해 걸어가고 카메라는 뒤로 빠진다. 앞으로 나아가는 인물의 움직임과 뒤로 물러나는 카메라의 움직임은 '미래로 비약'하면서 '과거로 침잠'하는 현재의 순간 표현한다. 그녀는 공간을 지나는 것이 아니라 시간 속으로 빠져들고 있다. 현재와 과거의 교차점. 그리고 마치 시간이 일순간 정지한 것처럼 리첸의 움직임도, 카메라의 움직임도 멈춘다. 지나가는 시간과 다가오는 시간 속에서 멈추고 싶은 순간. 리첸에게 이 순간은 한 시간의 세계가 끝나고, 다른 시간의 흐름으로 들어가는 교차의 순간이기 때문이다. 우리는 2046방에서 리첸과 차우에게 무슨 일이 있었는지 알지 못한다. 그러나 우리는 리첸의 변화된 시간, 시간을 멈추고 싶은 그녀의 마음은 알 수 있다.

차우가 영원히 이 방을 떠날 때도 비슷한 장면이 반복된다. 그러나 이번에는 차우는 멈춰 있고, 카메라만 뒤로 빠진다. 그는 이 방에 다시는 오지 않을 것이고, 2046방에서의 시간은 이제 지나간 날로 남게 될 것이기 때문이다. 공간 속에 갇힌 시간이다. 차우와 리첸의 시간, 사랑의 시간은 2046방의 공간 안에 갇힌 것이다. 그리고 차우가 떠난 후 리첸이 혼자 방에서 눈물을 흘릴 때, 카메라는 잠시 밖으로 나와 바람에 흔들리는 붉은 커튼과 텅 빈 복도를 보여준다. 그 시절은 가버렸고, 이제 그곳에 남은 건 아무것도 없다. 호텔의 복도를 보여주는 카메라의 움직임, 정지 화면은 스크린을 불투명하게 만드는 흐릿한 영상들처럼 혹은 이미지를 감추는 칸막이들처럼, 과거와 현재의 교차점으로서의 시간을 의미한다. 〈화양연화〉의 여러 장치는 공간을 통해 시간의 모습을 드러낸다. 왕가위에게 시간은 공간으로 표현할 수 있는 것이다.

5. 되찾은 시간

어떤 시간을 그리워하는 것은 우리가 그 시간을 벗어났기 때문
이다. 영화의 끝에 이르러 리첸과 차우는 각각 자신들이 살았던
아파트를 다시 찾는다. 두 사람의 만남은 여전히 시간을 비껴간
다. 이루어지지 않은 모든 만남은 너무 늦거나 너무 이르다. 리첸
은 그리움 가득 찬 눈물을 글썽이며 창문을 통해 차우가 살았던
맞은편 집을 바라본다. 차우도 옛집을 찾아와 맞은 편, 리첸의 집
창문을 바라본다. 영화에서 처음으로 관객은 차우가 있었던 방의
창문을, 외화면으로만 존재했던, 리첸의 시선으로만 존재했던 그
공간을 보게 된다. 또한 처음으로 리첸의 창문을 바라보는 차우의
모습을 본다. 모리스 블랑쇼Maurice Blanchot는 이렇게 말한다. "본
다는 것은 거리를 전제로 한다. 즉 무엇을 보는 행동 이전에 그
무엇에서 분리되고자 하는 결심이 우선 있어야 한다…. 본다는
것은 이러한 분리가 만남이 되었다는 것을 의미한다." 더욱 잘 보
기 위해서는 멀리 있어야 한다. 시간과 공간으로부터 거리를 두어
야 한다. 서로의 창문을 바라보는, 그렇지만 다른 시간 속에서 교
차하는 두 사람의 시선은 그리움의 표현이다.

시간을 추억으로 간직하기 위해서는 우선 '망각'이 필요하다.
리첸은 싱가포르에 있는 차우의 아파트에서 그가 간직하고 있던

자신의 슬리퍼를 가져온다. 그가 없는 방에 머물며 그의 물건을 만지고, 그의 흔적을 느끼고, 또 자신의 흔적을 남기고 온다. 그녀는 차우가 리첸의 분신처럼 여기던 슬리퍼를 가져왔지만, 대신 그의 공간에 자신의 흔적을 남긴다. 자신의 현존을 없애고 자신을 부재하게 만들면서 그녀는 과거의 시간을 거둬간다. 영원한 욕망의 대상이 되기 위해, 사라짐으로 영원 속으로 들어가기 위해, 일종의 의식을 치른 것이다. 차우는 부재함으로 존재하는 리첸을 끊임없이 찾을 것이고, 기억하려 할 것이다. 없애고 비우는 의식, '망각'은 추억을 만드는 전제 조건이기 때문이다.

차우가 앙코르와트의 오래된 사원에서 돌의 구멍에 비밀을 고백하는 것도 망각을 위한 의식, 리첸을 영원히 기억하기 위한 의식이다. 먼지와 풀, 거미줄이 바람에 흔들거리는 구멍 속에 연인에게 입맞춤하듯, 아니 그 구멍으로 들어가려는 듯 차우는 입을 가까이 대고 말을 한다. 그 구멍은 시간의 구멍이다. 그것은 이루어지지 못한 사랑의 슬픔으로부터, 반복되는 끔찍한 시간의 회로로부터 빠져나와 무위의 시간과 공간에 들어가기 위한 의식, 심연 속으로 가기 위한 의식이다. 아픈 사랑의 기억이라는 무거운 짐을 벗기 위한 의식, 망각을 위한 의식.

〈화양연화〉는 사랑의 이야기가 아니다. 이 영화는 사랑의 기억을 어떻게 벗어나는가, 그리고 추억은 어떻게 회상되는가를 알려주며 매 순간 생겨났다 사라지는 시간의 다양한 층을 표현한다. 우리는 차우의 고백을 들을 수는 없다. 그러나 우리는 '이미' 다

보았다. 우리가 본 영화는 차우가 돌의 구멍에 대고 말한 사랑의 고백이다. 그리고 우리가 본 이미지들은 리첸과 차우가 '잃어버린 시간' 속에서 되찾은 추억들이다. 영화의 끝에 이르러 들리지 않는 차우의 고백과 마주할 때 관객인 우리는 앞에서 본 두 사람의 사랑 이야기를 회상한다. 그러므로 〈화양연화〉의 이미지들은 영화를 보는 동안 지나간 시간, 사라지는 시간 속에서 관객인 우리가 '되찾은 시간'이 된다.

또 다른 시간의 지층도 있다. 사라지는 시간에 대한 강박증은 왕가위가 영화를 만드는 이유이다. 그는 스크린이라는 공간 안에 시간을 담아 두고 싶어 한다. 공간을 통해 시간을 탐색하려 한다. 〈화양연화〉는 1960년대 홍콩, 잃어버린 시간 속에서 그가 '되찾은 시간'이다. 어긋난 사랑, 실연이라는 주제는 사라지는 시간에 대한 그의 성찰을 담고 있다. 시간 속에서 가장 격정적으로 상실을 경험하는 것은 사랑하는 이를 잃어버렸을 때이기 때문이다. 시간이 필연적으로 만들어내는 모든 상실에 대한 애틋한 시선이 왕가위 영화를 지배한다. 〈화양연화〉 속의 흐릿한 영상들, 아이의 눈높이에서 포착되는 카메라의 시선, 불분명한 혹은 주관적인 기억으로 남은 거리의 비현실적인 모습, 숨겨진 틈 사이로 바라보는 관음증적인 시선은 모두 감독이 되찾은 시간, 영화 〈화양연화〉의 시간이다.

영화의 처음부터 리첸과 차우의 이야기는 헤어질 수밖에 없는 사랑의 이야기처럼 제시된다. 류위창Liu Yichang의 소설에서 인용한 문장이 영화의 첫 장면에 자막으로 등장한다. "그와의 만남에 그녀는 수줍어 고개를 숙였고, 그의 소심함에 그녀는 떠나가 버렸다." 두 사람의 이별은 '피할 수 없는 미래'처럼 영화의 이야기로 펼쳐진다. 그러나 영화의 이미지는 이미 과거 속에 묻혀 있는 것처럼 등장한다. 영화의 이미지들은 영화의 마지막 자막, '먼지 쌓인 유리창' 너머로 본 이미지처럼 흐릿하고 불분명하다. 그러기에 〈화양연화〉는 아직 오지 않은, 그러나 피할 수 없는 미래와 이미 지나간 과거의 시간을 이미지에 부여하기 위해, 모든 현재성을 제거하려는 것 같다. 왜냐하면, 영화의 진정한 현재성은 스크린 위에 '1초에 24프레임'의 움직임으로 영화가 나타나는 시간, 관객이 영화를 바라보는 시간이기 때문이다. "영화는 시간이 내게 하나의 지각처럼 주어지는 유일한 경험"이라고 장 루이 셰페르는 말한다. 진부한 사랑의 이야기에 관객이 열광한 이유가 여기에 있다. 〈화양연화〉는 사랑의 시간을 떠오르게 하는 감각으로 가득차 있다. 영화를 보는 동안 관객은 스크린에서 각자의 시간을 추억하고, 사랑의 기억을 찾아내며, 사랑의 미래를 본다.

사랑의 즐거움은 탐구와 분석을 통해 아는 것이 아니라, 감각을 체험하는 것이다. 그러므로 그 순간들은 분명하게 설명할 수 없는 것, 알 수 없는 것, 다시 느끼는 것, 다시 알아보는 것이다. 왜냐하면, 매 순간은 비록 사랑의 시간일지라도 늘 과거 속으로 들어가기 때문이다. 〈화양연화〉가 우리에게 보여 준 것은 바로 이러한 사랑의 감각, 시간의 경험이다. 그러므로 이 영화는 시간에 대한 영화이며, 시간에 대한 탐색이다.

2. 사랑의 모호한 진실

박찬욱 • 〈헤어질 결심〉

1. 사랑 이야기, 거짓 이야기

박찬욱 감독의 〈헤어질 결심〉(2022)은 대중적 흥미와 예술적 완성도가 뛰어나다는 격찬을 받았다. 이 영화는 탐정 서사로 사랑을 이야기한다. 혼종 플롯이 만들어내는 복잡한 이야기 구조와 영화 속에 숨겨진 여러 인용 장치들(고전음악과 대중음악, 탐정 소설, 히치콕, 비스콘티 등의 영화…) 그리고 산과 바다, 안개의 은유가 지닌 상징적인 요소는 다양한 해석을 낳는다. 인물을 극단적인 상황 속에 몰아넣는 박찬욱 영화의 특징은 〈헤어질 결심〉에서도 예외는 아니다. 박찬욱 감독은 한 인터뷰에서 이렇게 말한다. "인물을 극단적인 상황에 몰아넣어야 질문이 분명하게 떠오르는 거죠. 딜레마를 다루려 한다면 그 딜레마를 뚜렷하게 만들어야 합니다…. 모든 질문은 자극적이고 과장되고 극단적일 때 더욱 분명해진다고 생각해요. 제 영화들은 모든 면에서 자극을 주고 싶어서 만든 거고, 그런 자극을 통해서 특정 질문을 던지고 싶은 거니까요."

경찰관인 해준과 살인 용의자인 서래의 사랑은 서로에게 극단적인 상황을 만든다. 서래는 세 번 살인을 한다. 유능하고 명석한 경찰인 해준은 서래에게 매혹되어 수사를 망치고 삶이 붕괴된다. 그러나 여전히 서래를 잊지 못한다. 살인자와 경찰의 사랑은 피할 수 없는 운명처럼 보인다. 박찬욱 감독은 두 사람의 사랑을 통해 관객에게 무엇을 보여주고 싶을까? 해준과 서래를 극단적인 상황에 몰아넣으며 관객에게 어떤 질문을 던진 것일까? 영화에 대한 여러 해석과 평론의 글은 해준과 서래의 사랑에 초점을 맞춘다. 박찬욱 감독 역시 이 영화를 통해 관객이 사랑의 정서를 느끼길 바란다고 말한다. 이 영화는 단지 사랑을 정의하고 사랑을 이야기하는가? 해준과 서래의 사랑은 진실일까?

〈헤어질 결심〉의 이야기는 두 부분으로 되어 있다. 1부는 살인 사건의 피의자인 송서래와 유능한 경찰인 박해준의 만남과 사랑, 헤어짐을 이야기한다. 1부의 이야기는 사랑이 시작되는 감정을 전달하고 헤어짐의 슬픔을 보여준다. 2부의 이야기는 해준과 서래의 재회와 사랑의 파국, 비극적 결말을 담고 있다. 만남과 헤어짐, 사랑의 파국이라는 모티브는 멜로 영화의 익숙한 서사이다. 여기에 스릴과 서스펜스의 플롯으로 전개되는 범죄 이야기, 서래의 살인, 홍산오와 사철성의 살인 사건을 연결시킨다. 사랑 이야기와 범죄 이야기가 뒤섞이고 코믹한 요소가 가미되면서 새롭고 흥미로운 서사가 만들어진다.

기승전결로 구성된 1부와 2부는 독립적인 이야기라 해도 무방하다. 그런데 자세히 들여다보면 1부와 2부의 여러 요소는 대칭의 구조로 되어 있다. 1부가 서래에 대한 해준의 사랑 이야기라면 2부는 해준에 대한 서래의 사랑 이야기다. 1부에서 해준은 잠복근무를 핑계로 서래를 훔쳐본다. 2부에서 서래는 해준이 있는 이포라는 도시로 가 해준을 훔쳐본다. 1부에서는 해준이 적극적으로 서래에게 관심을 보인다면 2부에서는 서래가 해준에게 사랑의 감정을 표현한다. 1부에서 해준은 서래의 행동을 보며 자기 생각을 녹음한다. 2부에서는 서래가 해준을 보며 생각을 녹음한다. 인물 관계도 대칭적이다. 남자 형사는 여자 형사로 바뀐다. 1부에서 수완은 해준에게 서래가 연루된 살인 사건을 계속 수사하라고 하지만 2부의 연수는 수사를 그만하라고 한다. 여러 사건과 행동은 반복되지만 다르다. 대칭의 구조처럼 반대의 위치에 있다.

박찬욱 감독은 왜 대칭의 구조를 사용했을까? 반복은 관객을 영화 이야기에 끌어들이는 효과적인 방법이다. 반복적인 것은 관객의 기억을 강화한다. 관객은 이미 알고 있던 물건을 발견하고 같은 행동을 보면서 차이를 찾아낸다. 대칭은 차이가 있는 반복이다. 관객은 반복을 통해 차이를 발견하는 지적인 즐거움을 경험할 수 있다. 대칭 구조는 관객의 지적인 활동을 자극하며 사유의 능력을 끌어낼 수 있는 장치이다. 또한, 대칭 구조는 영화의 서사를 관통하는 주제, 진실과 거짓의 문제를 함축한다. 선과 악, 참과 거짓은 대칭의 관계이다. 이러한 대칭 관계가 해준과 서래의 사랑 이야기를 끌고 가는 모티브이다. 누구보다도 서래는 이러한 대칭 구조의 중심에 있다. 서래는 서사의 변화를 이끌며 1부와 2부를 다른 이야기처럼 만든다.

1부와 2부의 서래는 전혀 다르다. 서래는 변신이 탁월하다. 서래는 책임감이 투철한 간병인에서 명품으로 사치를 부리는 관광 가이드로 변한다. 외조부가 독립군이었다는 사실에 자부심이 강하지만, 건달 사철성의 폭력을 견디다 못해 포크로 그의 팔을 찌를 때는 조폭 여두목 같다. 서래의 말은 믿을 수 없다. 남편을 살해한 것을 숨기기 위해 편지를 위조한다. 두 번째 남편 임호신이 살해되어 해준이 서래를 취조할 때도 서래는 진실을 다 알고 있는 해준에게 첫 번째 남편은 자살했다고 말한다. 해준에게 하는 많은 말, '마침내', '독한 것', '당신 만날 방법이 이것밖에 없으니'와 같은 말들은 드라마나 영화 속 인물의 대사를 따라 한 것이다. 해준에게 자신의 감정을 표현하거나 사실을 말할 때도 서래는 영화나 드라마의 대사를 빌려온다. 빌려온 말로 자신을 표현하는 서래는 거짓 존재이다.

다소 촌스러운 원색의 옷을 입고 해준과 순수한 사랑을 나누던 간병인 서래는 멜로 영화의 주인공이다. 붉은색의 야한 옷을 입고 가발을 벗으며 사철성을 협박하는 서래는 홍콩 누아르 영화의 주인공 같다. 해준이 싫어하는 피 냄새를 없애려 죽은 임호신을 물로 씻겨내는 서래는 스릴러 드라마의 주인공이다. 서래는 동일하지만 다른 사람이다. 서래에게는 다양한 장르의 영화 속 인물이 겹쳐 있다. 송서래는 변신과 거짓의 존재이다.

해준에 대한 서래의 사랑은 진심이었을까? 여러 모습의 서래가 존재한다. 진짜 서래는 누구일까? 여러 장르의 뒤섞인 이야기 속에서 다양한 모습으로 그려지는 서래는 실은 존재하지 않는 존재, 자신은 비어 있는 무(無)의 존재이다. 서래는 허구의 존재, 모방한 것을 진짜처럼 표현하는 존재, 이야기를 꾸며내는 존재이다. 호미산에서 랜턴을 머리에 쓰고 해준의 얼굴에 빛을 내뿜던 서래의 모습은 영화에 대한 탁월한 은유이다. 영화의 아우라는 밤이다. 어두움 속에서 얼굴은 감춘 채 빛으로만 존재하는 서래는 해준에게 밤마다 자신을 생각하라고 말한다. 영화를 보는 동안 관객은 서래의 거짓말과 살인이라는 악행은 잊은 채 해준과의 사랑을 애달파한다. 자신의 운명이 파멸에 이를지라도 서래에게 매혹된 해준처럼, 영화를 사랑하는 관객은 영화가 거짓인 줄 알지만 '그럼에도 불구하고' 허구를 믿으려 한다. 거짓으로 참을 잊게 하는 것, 허구가 사실을 망각하게 만드는 힘은 영화의 본질이다. 서래는 '영화'를 은유한다.

2. 시선의 경계, 스크린

스크린은 영화와 관객이 만나는 경계이다. 현실과 허구가 만나는 곳, 관객의 시선과 카메라의 시선이 교차하는 곳이다. 〈헤어질 결심〉에는 스크린을 암시하고 상징하는 이미지가 곳곳에 등장한다. 시선의 주체가 불분명한 시점, 가능하지 않은 시선이 만드는 이미지가 그러하다. 클로즈업으로 포착된 죽은 기도수의 핏발선 부릅뜬 눈 위로 개미가 돌아다닌다. 이어 기도수의 눈 안쪽에서 본 시선으로 멀리 산 위에 있는 해준이 보인다. 죽은 자가 바라보는 시선이라니! 남편에게 폭행을 당한 흔적이 있는 서래 몸의 X-레이 사진을 해준이 병원에서 볼 때도 주체가 모호한 시선이 등장한다. 서래의 몸에 새긴 기도수의 이름 이니셜 문신을 해준이 자세히 보려 하자 X-레이 사진 안쪽에서 바라본 시선으로 해준을 보는 쇼트가 등장한다. 컴퓨터 스크린 안쪽에서 바라본 시선이다. 인물의 시선으로는 불가능한 시점이다.

〈헤어질 결심〉에는 이처럼 가능하지 않은 시점, 주체를 알 수 없는 시선이 자주 등장한다. 해준 부부와 서래 부부가 우연히 시장에서 만나는 장면에서는 죽은 생선의 눈을 통해 정안을 바라보는 시선이 있다. 해준과 서래가 스마트폰으로 문자를 교환할 때 스마트 폰 안쪽에서 해준을 바라보는 시선, 해준이 서래의 살인을 알게 된 스마트폰 앱의 138이라는 숫자를 볼 때 울먹이는 해준을 안쪽에서 바라보는 시선도 있다. 이러한 쇼트는 표면과 이면, 안과 밖의 관계를 지시한다. 보는 것과 보이는 것의 관계, 드러난 것과 숨겨진 것의 관계를 보여주는 쇼트들은 영화의 아무 곳에나 있는 것은 아니다. 이 쇼트들은 감춰진 진실과 관련이 있다. 기도수의 죽음은 자살이 아니라 타살이었고, 임호신의 죽음 또한 서래가 저지른 살인이었음이 드러난다. 이포 수산시장에서의 만남으로 해준의 아내 정안은 남편의 불륜을 알게 된다. 스마트폰은 결국 서래의 살인을 밝히고, 또 서래의 자살 이유를 알려준다.

영화는 진실과 거짓의 관계, 감춰진 것을 밝혀내면서 전개된다. 육체를 벗어난 누군가가 투명한 존재가 되어 기괴한 시선으로 보여준 불명료한 이미지들은 밝혀질 또 다른 이면의 모습, 드러날 진실, 미래의 시간을 암시한다. 이 이미지들은 참과 거짓의 관계, 대칭의 구조에 대한 은유이기도 하다. 눈에 보이는 것과 보이지 않는 진실이 있다는 것을 암시하는 쇼트는 관계를 알려주고 경계를 표현한다.

흐릿하거나 굴절된 방식으로 저편의 모습을, 즉 허구의 이야기가 펼쳐지는 세계를 보고 있는 이편의 시선은 누구의 것인가? 허구의 인물을 통한 시선은 '주관적 쇼트'라고 부른다. 주관적 쇼트는 관객이 자신을 영화 속의 인물과 동일시하도록 만드는 중요한 장치이다. 관객은 등장인물의 눈을 통해 대상을 바라본다. 관객이 영화의 허구 세계에 몰입할 수 있게 만드는 장치인 것이다. 그러나 〈헤어질 결심〉의 여러 곳에서 발견되는 이런 불명료한 시선은 주관적 쇼트가 아니다. 죽은 자의 눈을 통해, 혹은 죽은 생선이나 스마트폰 스크린 안쪽에서 세계를 바라보는 것과 같은 이러한 쇼트는 인물이 존재할 수 없는 공간에서 본 시선이다. 이 시선은 허구에 속한 시선이 아니다. 누군가가 바라보는 것 같지만 그렇지 않은 쇼트, 카메라의 응시만 있는 쇼트이다. 카메라는 있지만, 이야기의 공간에서 벗어난 곳에서 포착한 이 시선은 카메라의 존재를 알려주는 시선이다.

기도수의 눈을 통해 본 저편, 산 위의 해준은 허구에 속해 있지만, 그리고 기도수의 죽은 몸도 허구에 속해 있지만, 죽은 그의 눈을 통해 바라보는 시선은 허구에 속한 것은 아니다. 이 시선은 이야기가 펼쳐지는 허구와 영화를 보는 현실의 중간, 경계에 위치한다. 흐릿하거나 왜곡된 분명하지 않은 영상은 영화 이야기의 세계와 관객이 있는 현실을 가르는 막을 표현한다. 허구과 현실을 나누는 경계이다. 영화의 투명성을 방해하는 흐릿한 이미지들은 바로 스크린이라는 경계이다. 영화라는 빛의 다발이 비치기 전까지 스크린은 불투명한 하얀 막이다. 이 쇼트들은 관객을 허구의 세계와 거리를 두게 하는 장치이다. 영화 속에 표현된 스크린은 프레임 안의 프레임, 혹은 영화 속의 영화처럼 관객의 반성적 의식을 이끄는 순수하게 영화적인 '코기토Cogito'이다. 관객은 스크린이라는 경계를 넘어서야 한다. 이 경계를 넘어 인물의 시선으로 허구 세계를 바라볼 때, 허구를 믿을 때 비로소 영화 보기의 즐거움이 시작되기 때문이다.

3. 가까이, 더 가까이

관객은 어떻게 영화의 허구를 믿는가? 인물의 정서를 어떻게 느끼는가? 살인을 둘러싼 잔혹한 이야기라 해도 〈헤어질 결심〉이 아름답고 매혹적인 영화로 여겨지는 이유는 사랑하는 사람의 정서를 전달하기 때문이다. 관객은 어떻게 잔인함을 잊은 채 사랑의 정서를 즐기는가? 해준의 감정에 어떻게 몰입하는가? 살인자 서래를 어떻게 매혹적인 여자로 생각할 수 있는가? 감정의 전이를 만드는 영화적 장치는 무엇인가?

서래에게 매혹된 해준이 잠복하면서 서래를 관찰하는 장면은 뛰어난 연출을 통해 관객을 해준의 정서로 끌어들인다. 사랑에 빠진 사람은 사랑하는 사람의 모든 것을 알고 싶어 한다. 해준의 잠복근무는 관음증과 유사하다. 해준은 자신을 숨긴 채 바라보는 대상에 욕망을 투사한다.

차 안에서 망원경으로 서래를 감시하는 해준의 모습이 보인다. 이어 멀리 창문을 통해 노인을 돌보는 서래의 모습이 등장한다. 해준과 서래의 모습이 여러 번 쇼트-역쇼트로 반복된다. 이러한 편집은 해준의 주관적인 시점을 전달하며 관객을 해준의 시점과 동일시하게 만든다. 관객은 해준의 눈을 통해 서래를 관찰한다. 해준은 서래를 자세히 보기 위해 몸을 앞으로 내민다. 가까이 더 가까이. 망원경을 내리는 해준의 얼굴을 클로즈업한다. 카메라는 빠르게 줌아웃하며 해준이 서래와 같은 공간에 있음을 알려준다. 보는 주체와 보이는 대상의 경계가 사라지고 해준은 보이는 대상이 된다. 그러나 외화면 사운드에서는 여전히 서래를 지켜보는 해준의 숨소리가 들린다. 한 화면에서 이미지와 소리가 독립적으로 제시된다.

앵무새에게 말을 걸며 모이를 주는 서래, 할머니에게 책을 읽어주는 서래. 그러나 무성영화처럼 서래의 목소리는 들리지 않는다. 외화면에서 해준의 깊은 숨소리는 더 크게, 더 가까이 관객에게 들린다. 숨소리는 바라보는 해준을 대신하는 장치이다. 숨소리는 관객이 인물과 동일하게 느끼도록 하는 장치이다. 숨소리는 일종의 '자아의 목소리'이다. 깊은 숨소리는 대사보다 더 강하게 관객을 인물의 내면으로 끌어들일 수 있다. 관객의 귀 가까이에 있는 듯한 깊은 숨소리는 청각적 차원의 클로즈업이다. 해준이 서래를 관찰하는 장면의 숨소리는 보는 자와 보이는 대상이라는 시점 샷의 일반적인 편집을 따르지 않으면서 관객을 해준과 계속 동일시하게 만드는 장치이다.

카메라는 익스트림 클로즈업으로 서래의 입술과 눈을 보여준다. 서래에게 더 가까이 다가가고 싶은 해준의 욕망이다. 서래에게 다가간다. 깊은숨을 쉬며 서래의 체취를 맡는다. 해준의 욕망은 상상 속에서 서래 옆으로 가까이 간다. 해준은 서래 옆에 있지만 서래는 해준의 존재를 모른다. 몰래 서래를 탐색하는 해준의 시선이다. 훔쳐보는 시선은 유령처럼 자신을 감춘다. 해준은 바라보는 주체이지만 동시에 대상이 된다. 서래에게 매혹된 해준은 자신의 욕망을 감춰야 한다.

이미지 속의 해준과 숨소리를 들려주는 해준은 같은가? 시각적인 것과 청각적인 것은 다른 층위에 있다. 관객은 해준을 관찰하듯 보지만 그의 숨소리를 통해 그가 보고, 생각하고, 느끼는 것을 전달받는다. 소리는 관객을 계속 해준의 육체에 머물게 한다. 해준의 숨소리가 관객 안에서 울린다. 숨소리는 시선의 관점인 '시점'처럼 소리의 관점인 '청점'을 만든다.

전화통화나 스마트 워치의 녹음된 목소리도 청점을 통해 해준과 관객의 동일시를 연출하는 또 다른 장치이다. 간병하는 서래에게 해준이 전화하는 장면도 마찬가지다. 서래의 목소리는 전화기를 통해 들리지만 해준의 목소리는 일상의 소리이다. 전화기를 통한 소리는 듣는 사람을 강조하는, 즉 관객을 듣는 사람에게 동일시시키는 사운드 연출이다. 관객은 해준을 통해 서래의 목소리를 듣는다.

서래가 해준의 전화를 받는다. 해준은 전화를 받는 서래 옆에서 말을 한다. 그러나 소리는 두 사람이 실제로는 같은 공간에 있지 않다는 것을 알려준다. 해준의 목소리는 일상적인 소리이지만 서래의 목소리는 전화기에서 나오는 소리이다. 이어 차 안에서 망원경을 들고 전화하는 해준의 모습이 보이고 다시 전화를 받는 서래의 모습이 편집된다. 밤에 해준이 서래를 관찰하며 스마트 워치에 녹음한 소리도 같은 효과를 만든다. 관객을 해준과 동일시시키는 청점의 사용이다.

이런 장면에서 청점의 사용이 흥미로운 것은 이미지와의 관계에서이다. 해준의 숨소리는 주관적인 것, 서래를 관찰하는 주체와 연결되지만, 이미지 속의 해준은 관객에게는 관람의 대상이 된다. 청각적인 것이 더 이상 시각적인 것과 연결되지 않고 소리와 이미지는 각각 독립적인 프레임을 형성한다. 이미지와 소리는 서로 다른 층위에 속한다. 소리는 외화면에서 이미지를 감싸며 프레임 안의 프레임을 만든다. 마치 영화 속의 영화처럼. 관객은 외화면에서 흘러나오는 소리, 해준의 숨소리나 전화통화 혹은 스마트 워치에 녹음하는 소리에 자신을 동일시하지만 해준의 상상을, 해준의 욕망이 투사된 이미지를 관람한다. 해준은 관객과 함께 있지만 또 관객이 바라보는 대상이 된다. 해준은 주체이면서 동시에 대상이 된다. 주체이자 대상인 해준을, 분화된 해준을 연결하는 것은 관객이다.

주관적 소리와 객관적 이미지의 만남, 상상과 현실의 공존, 두 경계에 관객이 위치한다. 관객만이 이미지와 사운드를 연결하는 존재이기 때문이다. 이미지는 해준의 상상을 보여준다. 서래가 있는 공간에 함께 있고 싶은 해준의 욕망, 서래의 냄새를 맡고, 서래의 목소리를 듣고 싶어 하는, 서래를 온 감각으로 느끼고 싶어 하는 해준의 욕망이 만든 상상의 이미지이다. 상상의 이미지는 영화와 같은 것, 관객은 해준의 머릿속에서 펼쳐지는 영화를, '영화 속 영화'를 본다.

4. 시간의 소용돌이

허구의 인물에게 매혹당한 관객은 또한 시간 속으로 잠겨 들어야 한다. 장 루이 셰페르는 "영화를 보러 가는 것은 특별한 시간성을 즐기기 위한 것"이라 말한다. 영화는 시간을 조작하고 변형해 이야기를 만든다. 〈헤어질 결심〉에는 시간의 미로가 도처에 있다. 길을 잘 찾아야 한다.

서래가 거짓의 편에 있다면 해준은 진실을 추구하는 인물이다. 시체가 마지막으로 보았을 범인을 찾는 것이 해준의 일이다. 감춰진 진실을 찾는 것은 시간과 관련된 일이다. 거짓이 만들어진 시간, 진실을 감추는 시간을 찾는 일이다. 〈헤어질 결심〉에서 진실이 밝혀지는 장면에 사용된 시간의 표현은 흥미롭다. 서래와의 사랑 이야기가 미래를 향하는 순차적 형식으로 진행된다면 범죄 수사와 관련된 이야기는 과거를 향하며 복잡한 시간의 미로를 만든다. 범죄 사건의 추적은 사건이 일어났던 시간, 과거로 시선을 돌리는 일이다. 해준은 홍산오가 저지른 살인 사건과 서래가 저지른 살인 사건, 즉 첫 남편인 기도수를 죽인 일과 두 번째 남편인 임호신의 피살 사건을 수사한다. 해준은 시간을 탐색하고 분석하는 사람이다.

〈헤어질 결심〉의 추리 장면은 시간의 소용돌이처럼 빠르고, 혼란스럽다. 서래가 남편을 죽인 사실을 해준이 알아내는 장면은 여러 갈래의 시간이 합쳐지고 흩어지며 편집된 장면이다. 해준은 서래가 지나간 길과 등산로를 동일한 동선으로 밟아가며 서래의 행적을 추적하고 추측한다. 추적은 '현재'에, 추측은 '과거'에 속한 것이다. 현재와 과거의 시간이 한곳에서 만난다. 스마트 워치에 녹음하는 해준의 보이스오버가 내레이션처럼 서래의 행적을 뒤쫓는다. 할머니의 스마트폰을 자신의 것과 바꿔치기하는 서래의 모습과 이를 엿보는 해준의 모습을 차례로 보여준다. 해준과 서래의 모습이 차례로 편집되며 현재와 과거가 자유롭게 교차한다.

등산로 입구로 가는 버스를 탄 해준의 모습이 차가 멈추고 사람들이 내릴 때는 서래의 모습으로 편집된다. 이 장면에서는 보이스오버로 등산 루트를 설명하는 죽은 기도수의 목소리가 들린다. 이어 목소리의 기원이 밝혀진다. 스마트폰으로 기도수의 방송을 보고 있는 해준의 모습이 등장한다. 현재의 해준에서, 과거의 서래로, 그 이전인 기도수의 과거 시간대까지 끼어든다. 순차적으로 전개되던 이야기의 시간은 멈추고 현재, 과거, 혹은 미래가 마치 시간의 소용돌이처럼 뒤섞인다.

하나의 프레임 안에 현재와 과거가 함께 제시되기도 한다. 간병하는 할머니 집에 출근한 것처럼 사무실에 전화를 거는 서래는 해준의 옆을 지난다. 소리의 차원에서도 현재와 과거가 구분 없이 이어진다. 서래의 행적을 추측하며 워치에 녹음하는 해준의 목소리와 전화하는 서래의 목소리가 한 쇼트 안에 공존한다.

해준과 서래가 산에 오르는 장면에서는 보이스오버로 기도수의 방송 목소리가 들린다. 이 보이스오버에 힘들게 산을 오르는 해준의 신음과 서래의 비명이 뒤섞인다. 해준이 미끄러지자 기도수는 미끄러운 산이라고 설명한다. 고소공포증이 있는 서래가 높은 곳에서 비명을 지르자, 기도수는 풍경이 멋지다고 말한다. 기도수는 마치 이들의 모습을 보고 있는 것처럼 말한다. 서로 다른 시간이 한곳에서 중층적으로 모여 시간의 지층이 펼쳐진다.

홍산오가 범인임을 밝혀내고 추격하는 장면에는 시간의 비약이 담겨 있다. 해준과 서래는 홍산오가 범인임을 추리한다. 이미지는 살인한 홍산오, 과거의 모습을 보여주지만 외화면에서 두 사람의 현재 대화가 이미지를 감싼다. 해준과 서래의 현재와, 홍산오의 과거 시간이 교차하며 편집된다. 이어 총을 든 수완이 홍산오를 잡으러 오가인의 집으로 가는 쇼트로 이어진다. 현재와 과거를 오가던 시간은 해준과 수완이 홍산오를 추격하는 모습, 현재

이후의 모습, 미래의 모습으로 연결된다. 그러나 소리는 여전히 외화면에서 "오가인 먼 데 사는데"라는 해준의 목소리가 들린다. 해준의 소리가 현재라면, 이미지는 미래의 것이다. 이처럼 현재가 과거로, 그다음 미래로 이어진 후, 홍산오의 자살로 추격전이 끝나자 미래처럼 제시되던 이야기의 시간은 현재가 된다. 관객은 현재가 과거가 되는, 미래가 현재가 되는 '시간의 소용돌이'를 목격한다.

해준의 시선은 시간의 경계를 없애버리기도 한다. 산 정상에서 서래가 남편을 죽이는 장면에서 시선의 기능은 흥미롭다. 하나의 쇼트 속에서 시선을 통해 현재에서 과거로 연결된다. 정상에 올라 기지개를 켜는 기도수 뒤쪽으로, 다른 루트로 정상에 오른 해준이 등장한다. 쇼트는 바뀌지 않았지만 기도수는 사라지고 현재가 과거를 밀어내는 것처럼 그 자리에 해준이 앉는다. 앉아 있는 해준이 뒤를 돌아보자, 빠른 패닝으로 기도수를 산 아래로 밀어뜨리고자 달려오는 서래를 보여준다. 해준의 '시선'이 현재와 과거를 연결한 것이다. 해준의 시선은 시간의 경계를 해체한다.

이 영화에서 시선은 중요한 주제이자, 연출 장치이다. 해준의 시선을 통해 시간의 경계가 모호해지는 장면이 여럿 등장한다. 해준이 서래에게 기도수의 죽음을 자살로 위장한 편지를 물어볼 때도, 수완이 서래 집에 와서 폭력을 썼다는 거짓말을 밝혀낼 때도 해준이 시선을 던지자 한 프레임 안에 과거의 이미지가 연결된다. 해준이 뒤를 돌아보자 뒤편에 협박 편지를 만드는 서래의 모습이 보인다. 오른편으로 시선을 돌리자 기도수가 거실문을 닫는 모습이 한 프레임 안에 표현된다. 수완이 폭력을 썼다는 서래의 거짓말을 물어볼 때도 해준의 시선은 과거를 연결한다. 해준이 왼쪽으로 시선을 던지자 소파에 누워 잠을 자는 수완의 모습과, 거실을 난장판으로 만드는 서래의 모습이 이어진다. 시선을 통해 현재와 과거의 경계가 사라지는 장면은 해준의 회상에서만 등장한다. 패닝으로 촬영된 이 쇼트들은 화면을 평면적으로 만들면서 두루마리 그림을 펼친 것처럼 시간을 나열한다.

해준의 시선을 통해 한 프레임 안에서 다른 시간이 연결될 때 시간은 누구에게도 속하지 않는다. 해준은 뒤를 돌아보지만 보이는 대상과 해준은 함께 있다. 해준의 주관적인 시점이 아니다. 관객은 해준을 통해 보는 것이 아니라 바라보는 해준도, 보이는 대상도 모두 객관적인 시점, 관람의 시점이 된다. 마치 해준의 시간이 과거 속으로 빨려 들어가고 그 가장자리에 관객의 시간, 관람의 시간이 있는 것과 같은 시간의 소용돌이가 생겨난다. 시간 속에 또 다른 시간이 있는 것과 같은. 프레임 안의 프레임과 같은 시간의 지층이 만들어진다.

해체되고 재조립된 시간, 한 프레임 안에 담긴 시간의 지층을 이해하는 것은 관객의 몫이다. 관객은 기억과 상상을 통해 시간의 이미지들을 해석해야 한다. 관객의 시선은 이미지의 독서가 되어야 한다. 들뢰즈는 이렇게 말한다. "이미지의 독서, 이미지를 읽는다는 것은 겉면의 한 방향을 따르는 대신 뒤집고 다시 뒤집어 보는 것이다. 이것은 이미지에 대한 새로운 분석이다."

5. "저 폰은 바다에 버려요, 아무도 못 찾게 해요."

영화의 마지막, 해준이 서래의 비밀을 밝히기 위해 폰에 녹음된 말을 듣는 장면은 흥미롭다. 스마트폰에 녹음된 목소리이지만 마치 영화의 장면처럼 과거의 이미지와 소리가 등장한다. 해준이 폰의 소리를 정지하고 플레이하는 장면은 영화를 정지시키고 다시 플레이하는 것과 같다. 관객이 이미 본 1부의 이야기가 '영화 속 영화'처럼 표현된다. 해준이 녹음을 듣는 순간 시간은 복잡하게 갈라진다. 해준이 플레이 버튼을 누르자 서래가 자신의 목소리를 몰래 녹음할 때의 장면, 과거의 시간이 이어진다. 모래 구덩이에 들어간 현재의 서래가 사철성에게 맞은 후 이 폰에 녹음된 해준의 목소리를 듣는 과거의 서래로 편집된다. 이어 장면은 교차 편집으로 만조가 되는 바다에 구덩이를 파고 들어가는 서래의 모습에서 서래를 찾는 해준으로, 서래가 녹음한 자신의 목소리를 듣는 해준으로 그리고 녹음된 말을 다시 따라 하는 해준으로 바뀐다. "저 폰을 바다에 버려요, 아무도 못 찾게 해요." 동일한 대사가 과거, 대과거, 현재로 메아리처럼 이어진다. 시간이 소용돌이처럼 이어진다.

만조로 빠르게 차오르는 바닷물이 서래가 들어간 웅덩이에 소용돌이를 만들다 웅덩이의 흔적을 지운다. 서래의 존재를 지운다. 서래가 들어간 웅덩이의 소용돌이는 시간의 소용돌이와 같다. 서래는 무의 존재가 되었다. 시간이 무화되는 것, 영원성을 얻는 것이다. 서래는 진실을 담고 있는 폰처럼 깊은 바닷속으로 들어갔다. 해준이 찾을 수 없도록. 영원히 존재하고 싶어서.

서래가 영화를 은유한다면 해준은 '똑바로 보려고 애쓰는 자', 시간의 미로에서 벗어나려는 자, 관객의 은유이다. 해준은 영화를 사랑하는 관객, '밤에 잠도 못 자고' 영상을 찾아 헤매는 불면증 환자와도 같다. 호미산에서 서래는 해준에게 "밤에 잠도 못 자고 벽에 내 사진 붙여놓고 내 생각만 해요."라고 말한다. 서래는 사건이 미결로 남아 해준이 늘 생각하고 바라보는 대상이 되고 싶어 한다.

서래를 사라지게 한 소용돌이는 관객만이 알고 있다. 관객은 모래 웅덩이에 물이 차오를 때 서래의 숨소리를 들은 유일한 증인이다. 관객은 서래가 있는 곳을 아는 유일한 목격자다. 박찬욱 감독은 영화의 마지막에 관객만의 시간을 위해 서스펜스를 사용한다. 인물은 정보를 모르고 관객만 알고 있을 때, 서스펜스가 시작된다. 해준은 모르지만 관객은 서래의 흔적을 알고 있다. 관객을 유일한 증인으로 만드는 시간이다.

서스펜스는 관객에게 고뇌의 시간을 안겨준다. 관객은 서래의 죽음을 목격한 유일한 증인이지만, 해준에게 서래가 있는 곳을 알려주고 싶지만 그렇게 할 수 없다. 장 두셰Jean Douchet는 이렇게 말한다. "인물은 움직일 수 있지만 서스펜스 영화의 관객은 도망칠 수 없다. 그는 의자에 묶여있다. 그는 바라보고 있는 인물의 고뇌를 공유할 뿐 아니라 자신의 고뇌도 받아들여야 한다. 관객은 자신이 매혹된 것의 희생자이다." 〈헤어질 결심〉은 관객의 상상을, 관객의 고뇌와 사유를 요구한다.

〈헤어질 결심〉은 박찬욱 감독이 생각하는 영화의 미학이 무엇인지 알려준다. 훌륭한 영화란 깊은 바다에 빠진 폰과 같은 것, 진실을 아무도 못 찾도록 하는 것. 〈헤어질 결심〉에는 장르가 뒤섞이고, 플롯과 서브플롯이 엉켜 있다. 여러 상징과 은유가 숨은 그림찾기처럼 배치되어 있다. 모호함은 이 영화를 이해하는 열쇠이다. 훌륭한 영화는 하나의 설명으로 혹은 하나의 진실로 해석될 수 없다는 것이 박찬욱의 생각이다. 관객 수 만큼의 울림이, 관람 횟수만큼의 감동이 있는 영화, 그런 영화는 바다 깊은 곳에 빠진 진실과 같은 것이다. 〈헤어질 결심〉은 영화와 스크린, 그리고 관객을 정의하는 영화에 대한 영화이다.

3. 사랑, 욕망의 환유

페드로 알모도바르 • 〈그녀에게〉

1. 사랑의 변주

페드로 알모도바르^{Pedro Almodóvar}의 모든 영화는 욕망의 변주곡이다. 그는 끊임없이 사랑과 욕망을 이야기한다. 2002년 발표된 〈그녀에게〉(Talk to her)도 예외는 아니다. 그러나 이 영화는 전적으로 새로운 알모도바르 영화라는 평을 받았다. 이전 알모도바르 영화가 여자 인물들을 중심으로 이야기가 전개된다면 〈그녀에게〉는 남자 주인공들이 사랑 이야기를 끌고 간다. 이 영화는 교통사고로 식물인간이 된 발레리나와 투우 경기에서 다쳐 혼수상태가 된 여자 투우사를 돌보는 두 남자, 마르코와 베니그노의 이야기이다. 알모도바르는 사랑하는 사람들을 보여주면서 만남과 이별, 추억과 희망, 환희와 고독 그리고 '사랑'을 정의한다.

〈그녀에게〉는 상대를 바꾸면서 춤을 추는 원무처럼 여러 쌍의 사랑 이야기가 반복되며 변주된다. 영화는 마르코와 리디아, 베니그노와 알리시아의 이야기로 시작해 마르코와 알리시아의 사랑을 암시하면서 끝난다. 그 중간에 베니그노와 마르코의 우정이 있다. 더 자세히 들여다보면 인물들이 사랑하는 대상 역시 변주를 통해 움직인다. 베니그노의 사랑은 어머니에게서 알리시아로 이동한다. 마르코의 사랑은 안젤라에서 리디아로, 그다음 알리시아로 바뀐다. 그리고 리디아의 사랑은 엘니뇨에서 마르코, 다시 엘니뇨에게로 옮겨 간다. 베니그노가 사랑했던 알리시아는 영화의 마지막에 마르코를 만난다.

〈그녀에게〉는 반복되는 것들로 가득하다. 영화의 첫 장면에서 주인공들이 관람한 무용 '카페 뮐러^{Café Müller}'와 영화의 마지막 장면에 등장하는 '마주르카 포고^{Masurca Fogo}'는 무용 공연의 반복이며 변주이다. '카페 뮐러'는 죽음 속에 갇힌 두 여자 주인공을 상징한다. '마주르카 포고'는 마르코와 알리시아의 사랑을 암시한다. 무용 공연의 반복과 차이는 비극이 새로운 행복으로 바뀌는 영화의 변화, 이야기의 움직임을 표현한다. 리디아가 출전하는 두 번의 투우 경기 역시 반복과 차이를 보여준다. 첫 경기는 실연의 아픔과 연결되고 두 번째 경기는 사랑을 떠나기 위한 고통을 담고 있다. 마르코의 눈물도 여러 번 반복된다. 옛 애인 안젤라를 잊지 못해 울고, 베니그노의 죽음 때문에 운다. 마르코가 영화의 처음 '카페 뮐러'를 보며 흘리는 눈물과 영화의 마지막 '마주르카 포고'를 보며 흘리는 눈물은 같은 것이 아니다. 이처럼 반복해서 등장하는 것들은 차이와 변화를 만들며 이야기를 펼친다. 영화는 왜 이처럼 복잡한 관계, 반복되는 다양한 만남을 보여줄까? 차이와 변화는 어떤 의미를 만들어내는가? 알모도바르는 사랑의 이야기를 왜 이런 복잡한 구조 속에서 이끌어갈까?

2. 색의 움직임

〈그녀에게〉에서 색의 움직임, 색의 반복과 변주는 음악의 운율처럼 펼쳐진다. 알모도바르는 한 인터뷰에서 이렇게 말한다. "영화감독은 자기 영화의 것을 통제할 수 있다는 환상을 버려야 한다. 감독이 통제할 수 있는 것은 텍스트, 배우의 연기, 색상의 선택뿐이다." 색의 반복과 강렬한 대비는 알모도바르 영화의 특징이다. 〈그녀에게〉에서도 감독은 예민하게 색을 다루면서 이야기를 전달한다. 색은 마치 음악의 리듬처럼 한 색조에서 다른 색조로 움직이며 감정의 전이를, 정서의 울림을 표현한다.

〈그녀에게〉를 지배하는 색은 흰색과 검은색, 붉은색과 녹색이다. 네 명의 인물이 중심이 되어 사랑의 이야기가 반복되고 변화하는 것처럼 네 가지 색이 이야기를 이끈다. 특히 인물들의 옷, 인물들의 몸을 통해 색이 반복되고 변주된다. 영화가 시작될 때 등장하는 '카페 뮐러'의 색은 흰색과 검은색이다. 흰옷을 입은 두 무용수가 검은색과 흰색의 공간 속에서 검은 의자 사이를 돌아다니며 죽음의 고통을 표현한다. 검은 옷을 입은 한 남자가 여자들을 위해 의자를 치운다. '카페 뮐러'가 영화 속 두 여주인공의 운명을 암시하는 것은 단지 무용수들의 고통스러운 표정과 몸짓 때문만은 아니다. 검은색과 흰색이 만들어내는 색의 의미도 포함된다. 흰색은 부재와 결핍을 상징한다. 또한, 순결과 순수를 의미한다. 검은색은 죽음을 뜻한다. 캄캄한 공간 속에서 흰옷을 입고 고통스러워하는 두 여인은 죽음 속에 갇힌 사람을 은유한다.

'카페 뮐러'의 흰색과 검은색은 영화가 전개되면서 영화 속 인물들에게 다양하게 전이된다. 흰색은 알리시아의 색이다. 알리시아는 레이스가 있는 흰색 환자복을 입고 하얀 시트 위에 잠자는 듯 누워있다. 부재와 순결의 흰색은 아직은 암흑의 검은색이 힘을 미치지 못한 영역, 부재하지만 현존하는 색이다. 흰색의 알리시아는 식물인간이지만 임신을 한다. 그리고 그녀는 출산하면서 의식을 되찾는다. 흰색의 알리시아는 죽음과 생명을 동시에 상징한다.

검은색은 리디아의 색이다. 검은 황소와 목숨을 건 싸움을 하는 투우사 리디아는 텔레비전 인터뷰에 등장할 때 검은색의 옷을 입고 있다. 리디아의 인터뷰를 보던 마르코도 검은색 옷을 입고 있다. 어둠이 서로를 이끌듯 마르코는 리디아에게 끌린다. 검은색은 죽음을 예고한다. 검은색 모자를 쓰고 짙은 밤색의 투우복을 입은 날 리디아는 황소에 받혀 의식 불명 상태가 된다. 영화 이야기가 끝날 때 즈음에 검은색은 베니그노에게 옮겨 간다. 자살하기 전 베니그노는 마르코를 마지막으로 만날 때 검은색 옷을 입고 있다. 흰색은 다른 색을 받아들일 수 있지만, 모든 색을 담고 있는 검은색은 다른 색이 더 들어갈 공간이 없다. 흰색의 알리시아는 의식을 되찾아 붉은색, 분홍색의 옷을 입지만, 검은색의 지배를 받게 된 리디아와 베니그노는 다른 색으로 갈 수 없다. 이들은 어둠의 세계, 죽음의 세계로 들어간다.

〈그녀에게〉에서 붉은색과 녹색은 사랑의 색이며, 변화의 색이다. 두 색은 서로 대조를 이룬다. 붉은색은 녹색을, 녹색은 붉은색을 강렬하게 만들며, 서로의 존재를 확인한다. 붉은색은 사랑의 색, 피의 색, 유혹의 색이다. 실연의 상처를 입은 리디아는 붉은색 옷을 입고 투우 경기에서 승리한다. 마르코는 붉은색 옷을 입은 리디아를 보고 사랑에 빠진다. 누군가가 집에 뱀을 풀어 놓아 리디아는 마르코의 차를 타고 호텔에 간다. 호텔의 벽지, 침대, 커튼은 온통 붉은색이다. 붉은색으로 둘러싸인 리디아는 마르코를 사랑하기 시작한다. 옛 애인 엘니뇨를 잊지 못해 재결합하려 할 때도 리디아는 붉은색 옷을 입고 있다.

사랑에 빠진 베니그노도 붉은색이 된다. 창문으로 처음 알리시아를 본 베니그노는 붉은색 옷을 입고 있다. 붉은색 커튼 사이에서 붉은색 옷을 입고 있는 베니그노는 첫눈에 알리시아를 사랑하게 된다. 붉은색은 또한 사랑의 첫날밤을 상징한다. 베니그노가 알리시아와 육체적 관계를 갖는 장면은 생략되어 있지만, 베니그노의 욕망은 알리시아를 붉게 물들인다. 알리시아의 볼과 입술은 붉게 변했고, 머리에는 붉은색 핀을 꽂고 있다. 카메라는 알리시아의 침대 옆에 놓인 장식 램프를 아주 가까이 보여준다. 피가 번지듯, 혹은 사랑의 열정이 발산되듯 기하학적으로 움직이는 붉은 액체는 베니그노와 알리시아의 육체적 만남을 표현한다.

〈그녀에게〉는 색의 조응과 보색 관계가 만들어내는 변화를 세밀하게 표현한다. 붉은색 옷을 입고 알리시아를 바라보던 베니그노는 다음 쇼트에서는 연두색 옷을 입고 같은 자세로 창문을 내다본다. 붉은색 옷을 입은 쇼트에서는 베니그노를 부르는 어머니의 목소리가 화면 밖에서 들려온다. 이어지는 쇼트에서는 녹색 옷을 입은 베니그노가 창문을 통해 알리시아를 본다. 알리시아가 지갑을 길에 떨어트리는 것을 본 베니그노가 밖으로 나가 알리시아에게 지갑을 건네준다. 사랑의 시작은 서로 다른 두 존재의 만남이다. 베니그노가 녹색 옷을 입고 거리에서 알리시아에게 처음 말을 건넸을 때 알리시아는 붉은색 옷을 입고 있다. 붉은색은 녹색과 대조를 이루며 서로를 돋보이게 한다. 영화의 마지막, 무용을 관람하는 극장에서 마르코는 녹색 옷을 입고 있다. 알리시아는 자줏빛 옷을 입고 있다. 녹색과 붉은색의 만남이다. 베니그노가 알리시아에게 처음 말을 건넸을 때처럼.

녹색은 또한 변화와 변신을 상징한다. 녹색은 자연의 색, 식물의 색이다. 자연은 시간 속에서 늘 변화한다. 녹색은 그러므로 불안정한 색이다. 베니그노는 녹색 옷을 입고 알리시아에게 어머니의 죽음을 알려준다. 베니그노의 옷이 붉은색에서 녹색 옷으로 바뀐 것은 시간의 흐름과 상황의 변화를 표현한다. 리디아의 언니가 등장하는 장면도 색을 통해 시간의 변화를 알려준다. 투우 경기에서 소에게 받힌 리디아는 중상을 입고 병원에 실려 온다. 붉은색 옷을 입은 리디아의 언니는 동생을 보며 눈물을 흘린다. 이어지는 쇼트에서도 리디아의 언니는 여전히 울고 있지만, 옷이 녹색으로 바뀌었다. 붉은색에서 녹색으로의 변화는 베니그노에게서도 그랬듯이 시간의 변화, 혼수상태에서 깨어나지 못하는 리디아의 절망적인 상황을 표현한다.

〈그녀에게〉의 색은 욕망처럼 움직이며 서로 닮아 간다. 베니그노는 마르코에게 붉은색을 전염시킨다. 마르코는 베니그노의 방 창문을 통해 식물인간 상태에서 깨어난 알리시아를 우연히 보게 된다. 그는 베니그노처럼 붉은색 옷을 입고 있다. 베니그노의 욕망, 알리시아를 향한 그의 사랑은 붉은색을 통해 마르코에게 전해진다. 알리시아를 본 마르코는 베니그노가 된다. 마르코가 바라보는 알리시아도 붉은색이다. 베니그노는 알리시아와 마르코를 모두 욕망의 붉은색으로 물들였다.

영화의 마지막에 등장하는 춤 '마주르카 포고'는 흰색과 붉은색 그리고 분홍색의 꽃들, 녹색의 나무가 만들어내는 색의 향연이다. 〈그녀에게〉는 흰색과 검은색의 '카페 뮐러'에서 시작하여 다채로운 색의 '마주르카 포고'로 끝이 난다. 이 영화에서 사랑의 욕망은 흰색과 검은색을 몰아낸다. 욕망의 움직임은 영화를 다양한 색의 반복과 변주로 만들고, 죽음의 공간에서 삶으로, 고통에서 희망으로 변화시킨다. 영화의 색은 그림의 색과 의미가 같지 않다. 영화의 색은 그 자체로 의미를 지니기보다는 움직임을 통해 비로소 의미가 확정된다. 움직임이야말로 영화의 본질이 아닌가? 시간은 비가시적이다. 사랑의 감정도 죽음의 고통도 추상적이다. 알모도바르는 색의 변화, 색의 움직임을 통해 비가시적이고 추상적인 개념, 시간의 흐름, 사랑의 환희와 이별의 고통, 욕망의 전이를 훌륭하게 표현한다.

3. 얼굴

〈그녀에게〉에는 얼굴 클로즈업이 자주 등장한다. 눈물을 흘리는 마르코의 얼굴, 투우 경기에서 이긴 리디아의 얼굴, 잠자는 듯 누워있는 알리시아의 얼굴, 알리시아를 바라보며 말을 건네는 베니그노의 얼굴. 알모도바르는 얼굴 클로즈업을 좋아한다. 클로즈업된 얼굴은 감각적이며 '가독적'이다. 〈그녀에게〉에서 얼굴 클로즈업의 반복은 단순히 인물을 표현하는 것만은 아니다. 얼굴 클로즈업은 자세히 모습을 보여준다는 것 이상의 의미를 지닌다. 얼굴은 영화의 이야기 전체를 함축할 수도 있다.

〈그녀에게〉에서 얼굴 클로즈업은 관객을 과거로 안내하는 통로 역할을 한다. 마르코와 베니그노의 과거 회상은 얼굴 클로즈업으로 시작된다. 마르코는 과거를 두 번 회상한다. 처음 등장하는 과거 회상은 식물인간이 된 리디아의 병실에서 밤을 보낼 때이다. 카메라는 어둠 속에 누워있는 리디아를 뒤에 두고 생각에 잠긴 마르코를 보여준다. 왼편에 누워있는 리디아의 모습은 사라지고 카메라는 점점 마르코의 얼굴로 다가가다, 과거로 바뀐다. 여름 파티에서 벨로조의 노래를 들으며 마르코는 옛 애인 안젤라를 생각한다. 마르코는 리디아에게 안젤라에 관해 이야기한다. 그다음 등장하는 과거 회상은 베니그노, 알리시아, 리디아와 함께 병원

테라스에 나와 있을 때이다. 네 사람을 비추던 카메라는 마르코에게로 다가가 클로즈업된 얼굴을 보여준 뒤 이야기의 시간이 과거로 바뀐다. 마르코의 옛 애인 안젤라의 결혼식에 참석한 리디아는 눈물을 흘린다. 마르코는 차 안에서 리디아에게 안젤라와의 과거를 이야기한다. 리디아는 투우 경기가 끝나면 할 이야기가 있다고 말한다.

과거를 회상하기 전 마르코의 얼굴로 다가가는 카메라 움직임은 마르코의 시간을 현재에서 과거로 끌고 가는 힘이 있다. 클로즈업된 마르코의 얼굴은 현재와 과거가 교차하는 '시간의 분기점'과 같다. 현재를 이야기하던 시간은 잠시 멈추고 과거로 돌아간다. 그러나 식물인간이 된 리디아에게 현재는 멈춘 채 과거의 시간만이 존재한다. 회상은 이미지에 과거의 무게를 부여하는 것, 오직 과거로서만 말할 수 있는 이야기이다. 그런데 마르코의 회상을 자세히 살펴보면, 그가 회상한 과거의 시간은 리디아와 관련된 것이 아니라 그 전의 과거, 안젤라에 관한 이야기이다. 마르코가 회상한 것은 리디아에게 말한 안젤라와의 시간이다. 마르코는 리디아를 정말 사랑한 것일까?

마르코의 과거 회상은 지극히 자기중심적인 리디아와의 관계를 보여준다. 그의 머릿속에서 펼쳐지는 회상은 리디아와 함께한 과거의 시간이 아니라 안젤라와의 사랑에 대한 기억이다. 리디아가 차 안에서 마르코 혼자 이야기했다고 지적한 것은 맞는 말이다. 그는 리디아와 '함께' 이야기한 것이 아니라, 혼자 자신의 감정을 토로한 것이다. 마르코의 얼굴 클로즈업이 연결하는 과거의 시간은 리디아와 '함께' 하지 못한, 함께 '말하지 못한' 두 사람의 관계를 의미한다.

베니그노의 과거 회상은 다른 방식으로 이루어진다. 알리시아의 병실을 찾아온 마르코에게 베니그노는 알리시아와 자신의 관계, 과거를 이야기한다. 베니그노는 이야기를 시작하며 알리시아를 바라본다. 이어 클로즈업된 알리시아의 얼굴이 등장한다. 카메라는 알리시아의 얼굴에 가까이 다가가다 과거의 시간으로 넘어간다. 알리시아의 얼굴 클로즈업은 마르코의 얼굴에서와 마찬가지로 과거로 가는 분기점이다. 과거를 회상하는 사람은 베니그노이지만, 시간이 바뀌는 곳은 베니그노의 시선이 닿은 알리시아의 얼굴이다. 알리시아를 바라보는 베니그노의 시선이 시간을 과거로 이동시킨다. 이 시간은 베니그노와 알리시아, 두 사람의 시간이다.

베니그노는 혼자 말하지 않는다. 알리시아와 '함께' 이야기를 한다. 영화는 편집, 카메라의 각도와 움직임, 화면 밖의 소리 등을 통해 말하는 베니그노가 아니라 알리시아와 '함께' 이야기하는 베니그노를 보여준다. 알모도바르의 탁월한 연출이 돋보이는 장면들이다. 이 영화의 원제목은 '그녀에게 말하세요 Hable Con Ella'이다. 알리시아에게 보내는 베니그노의 시선, 눈빛 그리고 베니그노의 시선에 포착된 알리시아의 얼굴은 두 사람이 서로를 느끼고 대화하는 것처럼 보이게 한다. 베니그노는 마르코에게 이야기하며 알리시아를 바라본다. 이어 카메라는 누워있는 알리시아의 옆모습을 익스트림 클로즈업으로 천천히 틸트 다운한다. "지난 4년

동안 정말 행복했다"고 말하는 베니그노의 목소리가 화면 밖에서 이미지를, 알리시아의 얼굴을 감싼다. 베니그노의 사랑, 베니그노의 시선이 알리시아의 얼굴을 신비롭고 장엄하게 만든다.

마르코는 식물인간이 된 리디아에게 말을 건네지 못한다. 병실의 리디아는 항상 유리창 저편에, 혹은 어둠 속에 누워있는 모습으로 등장한다. 투명한 유리는 리디아를 볼 수 있게는 하지만, 이편과 저편을 나누는 것, 마르코와 리디아의 이미 끝나버린 관계를 상징한다. 유리창 저편에 누워있는 리디아는 다시 이편의 세계로 올 수 없는 죽음 속에 갇힌 존재이다.

마르코의 회상은 독백이다. 그러나 베니그노의 회상은 알리시아에게 말을 건네는 것, 그녀와 함께 과거를 이야기하는 것이다. 베니그노는 알리시아가 자신의 말을 듣고 있다고 생각한다. 그래서 카메라는 천천히, 아주 가까운 곳에서 알리시아의 '옆얼굴'을 보여준다. 옆모습으로 포착된 알리시아의 얼굴 클로즈업 쇼트는 여러 번 등장한다. 또한 알리시아의 옆얼굴 클로즈업 쇼트는 항상 베니그노가 그녀에게 던지는 시선 다음에 이어진다. 베니그노의 말에 귀 기울이는 알리시아의 옆얼굴을 보여주는 것만큼 더 적절한 것이 있을까? 옆모습은 누군가의 말에 귀를 기울이는 얼굴이다. 정면의 얼굴보다 귀를 더 많이 보여주며 듣는 자세를 강조할 수 있다. 옆모습은 또한 정면의 얼굴이 표현할 수 없는 방향성을 내포한다. 한쪽을 향한 옆모습의 얼굴은 맞은 편에 누군가 혹은 무엇인가가 있다는 것을 암시한다. 알리시아의 옆얼굴은 베니그노의 말을 듣고 있는 사람, 대화하는 사람의 모습이다.

알리시아는 베니그노를 바라보기도 한다. 영화의 시작에서 베니그노가 '카페 뮐러'를 알리시아에게 설명하는 장면은 베니그노의 얼굴 클로즈업으로 시작한다. 베니그노는 누군가의 손을 마사지하면서 무용 공연을 설명한다. 그는 화면 밖의 누군가를 향해 시선을 건네며 피나 바우쉬의 사인이 든 사진을 보여준다. 그런데 사진을 들고 있는 베니그노의 얼굴을 보여주는 시점이 특이하다. 앙각low angle으로 포착된 쇼트는 누워있는 사람이 바라본 얼굴, 알리시아의 시점으로 포착된 베니그노의 얼굴이다. 이러한 시선의 교환은 베니그노가 알리시아에게 무성영화를 이야기할 때 다시 한 번 등장한다. 베니그노는 무성영화 '줄어든 애인'의 줄거리, 사랑하는 여자의 몸속으로 들어간 줄어든 남자의 이야기를 하며 마음이 흔들린다. 두 사람의 얼굴이 클로즈업으로 편집된 이 장면에서도 알리시아를 바라보는 베니그노의 얼굴은 누워있는 알리시아의 시점으로, 앙각으로 제시된다. 알리시아의 시점으로 바라본 베니그노의 얼굴을 포착한 이 장면은 마치 두 사람이 시선을 교환하는 것처럼 표현된다.

베니그노에게 알리시아는 자신의 말을 듣고, 자신을 바라보는 존재이다. 의식이 없는 알리시아가 여전히 아름답게 보이고 말하는 사람처럼 느껴지는 것은 베니그노의 시선, 그의 사랑이 만들어낸 모습이기 때문이다. 베니그노의 시선, 베니그노의 말, 베니그노의 사랑이 알리시아를 죽음의 벽에서 빠져나올 수 있게 한다. 클로즈업의 반복과 차이는 이처럼 사랑의 관계를 표현한다.

4. 이야기하기

사랑은 한없이 소유하고자 하는 욕망이다. 사랑하면 사랑하는 이를 닮으려 한다. 베니그노는 알리시아가 좋아하는 무성영화를 보러 다니고, 무용 공연도 보러 다닌다. 그는 알리사가 되어 알리사의 삶을 살고자 한다. 베니그노는 알리시아에게 더 많은 이야기를 해주기 위해 그녀를 닮아 간다. 베니그노는 이야기하는 사람이다. 그는 의식이 없는 알리시아와 리디아에게도 다정하게 말을 건넬 수 있다.

베니그노는 정신과 의사인 알리시아의 아버지에게 가족 이야기를, 마르코에게는 알리시아를 사랑하게 된 이야기를 한다. 감옥에 면회를 온 마르코에게는 자신이 읽은 책의 내용을 설명한다. 베니그노의 '이야기하기'는 영화를 구성하는 또 다른 반복과 변주이다. 알모도바르는 한 인터뷰에서 처음에는 〈그녀에게〉의 전체 내용을 베니그노가 하는 이야기로 만들려 했다고 설명한다. 영화의 서사 구조는 바뀌었지만 베니그노는 여러 사람에게 많은 이야기를 들려준다. 베니그노의 '이야기하기'는 반복과 변주를 만들면서 사랑의 관계를 표현하고 변화시킨다.

베니그노는 왜 끊임없이 이야기하는가? 베니그노는 어떤 존재인가? 알리시아에 대한 베니그노의 사랑은 헌신적이다. 그는 아이를 돌보는 어머니처럼 알리시아를 간호한다. 짝사랑하던 알리시아를, 단 한 번 대화를 나눈 여자를 자신의 존재만큼 사랑한다.

그러나 그의 사랑은 외설적이다. 베니그노의 사랑에는 관음증, 페티시즘, 네크로필리아적인 성격이 있다. 베니그노는 창문을 통해 몰래 발레 연습을 하는 알리시아를 훔쳐본다. 훔쳐보는 욕망으로 사랑을 느낄 수 있는 베니그노는 관음증 환자이다. 알리시아의 방에서 훔쳐 온 머리핀을 그녀의 존재처럼 느끼는 베니그노는 페티시즘 환자이다. 식물인간인 알리시아와 사랑의 관계를 갖는 베니그노는 또한 네크로필리아이다. 베니그노의 사랑은 숭고하면서도 폭력적이다. 수를 놓으며 시간을 보내는 베니그노는 성 정체성이 모호하다. 베니그노의 존재는 규정하기 힘들다. 아니, 그는 존재가 없는 것 같다. 그의 존재는 비어 있다.

베니그노는 외로운 사람이다. 정신과 의사인 알리시아의 아버지는 베니그노에게 병원에 상담받으러 온 이유를 묻는다. 베니그노는 "아마도 외로워서"라고 답한다. 베니그노는 자신의 빈 존재를 채우기 위해, 외로움을 잊기 위해 이야기한다. 사람들은 외로워서 이야기한다. 마르코는 리디아가 자신을 떠나려 했다는 사실을 알았을 때 의식이 없는 알리시아 앞에서 말을 한다. 알모도바르는 베니그노의 이 대답, '아마도 외로워서'가 이 영화의 또 다른 제목이 될 수도 있다고 말한다. 감독은 영화 속 인물들을 묶는 공통점을 외로움으로 설명한다. 투우 경기에서 혼자 황소와 마주해 싸워야 하는 리디아도, 알리시아를 친딸처럼 여기는 발레 교수 카테리나도, 알리시아의 아버지도, 베니그노 아파트의 관리인도, 모두 외롭다. 리디아는 마르코에게 말하고 싶어 했지만, 미처 말을 하지 못하고 사고를 당한다. 카테리나는 의식이 없는 알리시아에게 공연할 발레 작품을 이야기한다. 아파트 관리인은 마르코를 붙잡고 수다를 늘어놓는다. '아마도 외로워서'와 '그녀에게 말하기'라는 제목은 원인과 결과처럼 연결된다. 이 제목들은 바로 영화의 주제가 된다.

베니그노가 알리시아에게 무용 공연과 무성영화에 관해 이야기하는 것은 말하기의 변주이다. 무용극 '카페 뮐러'나 영화 '줄어든 애인'처럼 허구 작품을 이야기로 설명하는 것은 또 다른 허구를 만들어내는 일이다. 베니그노가 본 '카페 뮐러'는 무대에서 공연된 작품, 객관적인 대상이다. 그런데 베니그노라는 주체가 이 발레를 주관적 이야기로 바꾸면 주체와 대상, 주관과 객관의 관계는 붕괴된다. 베니그노의 이야기하기는 또 다른 허구를 만들기 때문이다.

이야기하기의 정점은 베니그노가 알리시아에게 무성영화 '줄어든 애인'을 말할 때이다. 베니그노는 사랑하는 여자와 영원히 함께하기 위해 잠자는 여자의 몸속으로 들어간 줄어든 남자에 대한 영화를 알리시아에게 이야기하면서 자신도 영화 속 주인공 같은 존재가 되려 한다. 그는 영화 속 주인공처럼 알리시아의 몸속에 들어가 그녀와 한 몸이 된다. 베니그노는 이야기를 하는 동시에 이야기의 대상, 즉 타자가 된다. 이야기하기, 이야기 꾸미기는 들뢰즈가 말하는 '타자-되기'이다. 이야기를 만드는 인물은 자신을 타자화하며, 한 상태에서 다른 상태로 옮겨간다. 그러므로 이야기하기는 변화와 생성의 과정이다.

존재가 모호한 베니그노가 이야기하는 사람인 것은 당연하다.

정체성을 갖지 않은 존재는 변화와 생성의 과정에 있다. 알리시아의 삶을 살기 위해 무용 공연과 영화를 본다고 했지만 베니그노는 이야기를 하면서 영화 속 인물이 된다. 그의 잘못은 여기에 있다. 그는 이야기하기가 초래하는 '타자-되기', 변화와 생성의 힘을 잘 알지 못했다. 감옥에 면회 온 마르코에게 베니그노는 마르코가 쓴 쿠바 여행기를 이야기한다. 베니그노와 마르코의 대화가 이어지는 이 장면은 욕망이 어떻게 전이되고, 관계가 어떻게 변화하는지, 이야기하기가 어떻게 '타자-되기'인지를 이미지로 탁월하게 표현한다. 카메라는 유리 칸막이를 사이에 두고 이야기하는 두 사람을 느린 패닝의 움직임으로 좌우를 오가며, 혹은 쇼트-역쇼트의 편집으로 보여준다. 베니그노가 마르코의 책을 이야기할 때 카메라는 베니그노 쪽에 멈춰 서 두 사람을 보여준다. 베니그노가 말하는 모습은 선명하다. 마르코의 얼굴은 유리 칸막이 저 너머에 있어 반사된 베니그노의 얼굴과 겹쳐진다. 중첩된 이미지는 마르코가 된 베니그노이다. 베니그노는 마르코에게 "책을 읽는 몇 달 동안 당신과 여행한 것 같았다"고 말한다. 알리시아가 되고 싶었던 베니그노는 이 순간에는 마르코가 된다. 영화의 첫 부분에서 베니그노는 알리시아에게 마르코를 이야기한다. 영화가 끝나갈 무렵 그는 마르코에게 알리시아를 이야기한다. 이야기하는 베니그노는 '고정된 상태가 아니라 중간 어딘가에서 끊임없이 변화하고 이동하는 존재'이다.

영화의 마지막 장면은 암시적이다. 발레를 보러 간 극장에서 알리시아와 마르코가 우연히 만난다. 마르코가 앉아 있는 의자 뒤

한 칸 건너에 우연처럼, 혹은 기적처럼 알리시아가 앉아 있다. 두 사람 사이에는 아무도 앉지 않은 빈 의자가 있다. 이 의자는 베니그노의 것이다. 베니그노의 이야기, 베니그노의 존재가 두 사람을 연결한 것이다. 알모도바르에게 사랑이란 비어 있는 의자이다. 새로운 사랑을 연결한 것이 비어 있는 의자라니! 알모도바르는 사람과 사람이 만나 사랑에 빠지는 빈자리를 보여준다. 사랑이란, 누군가 앉아 있다 떠난 빈자리, 그래서 다시 앉아 주기를 기다리는 빈자리와 같다.

알리시아는 출산을 하는 와중에 식물인간 상태에서 깨어난다. 그러나 베니그노는 알리시아와 아이가 모두 죽었다는 거짓말을 듣고 자살한다. 베니그노는 알리시아에게 더는 이야기를 해줄 수가 없어서 죽음을 택한 것은 아닐까? 베니그노에게 이야기하기는 『천일야화』의 셰에라자드처럼 죽음을 벗어나게 하는 것, 삶의 부재와 상실, 고독을 극복하는 방법이 아닐까? 이야기하기를 그치면 그는 죽을 수밖에 없다. 베니그노는 마르코에게 자신이 어느 곳에 묻히든 찾아와 모든 것을 이야기해달라고 유언한다. 이제 이야기하는 사람은 마르코다. 마르코는 베니그노의 무덤 앞에서 말을 건네고 이야기를 한다. 그리고 그는 베니그노를 대신해 알리시아에게 이야기할 것이다. 마르코는 알리시아와 사랑을 할 것이다. 이처럼 베니그노의 존재, 베니그노의 이야기하기는 욕망의 환유처럼 반복되고 변주되면서, 사랑의 관계를 바꾸고, 또 다른 삶의 이야기를 만들어낸다.

5. 예술과 삶

〈그녀에게〉에서 은밀한 사랑의 이야기를 감싸는 것은 관객의 눈과 귀를 즐겁게 하는 또 다른 예술 장르이다. 알모도바르는 이 영화에서 중요한 요소는 '사적인 것'과 '스펙터클'이라고 설명한다. 〈그녀에게〉에는 두 번의 무용 공연, 두 번의 투우 경기, 가수 카에타노 벨로조의 라이브 공연, 그리고 영화 속 영화 '줄어든 애인'이 삽입되어 있다. 영화 속에서 다른 예술 장르를 보여주는 것은 알모도바르 영화의 특징이다. 영화 속의 다른 허구들, 다른 장르의 예술들은 반복과 변주의 또 다른 장치이다. 이 허구 속의 허구는 또 다른 차원의 변화와 움직임을 만든다.

〈그녀에게〉속의 영화와 무용, 노래는 단순한 장식 이상으로 영화의 주제와 밀접하게 연결된다. 이러한 볼거리는 허구와 현실, 예술과 삶에 대한 알모도바르 감독의 생각을 담고 있다. 영화의 앞과 뒤에 있는 무용 '카페 뮐러'와 '마주르카 포고'는 영화의 세계로 들어가고 나오는 문이다. 이 영화는 처음부터 허구와 현실의 문제를 제시한다. 허구 속의 허구는 자기반영적인 성격을 띤다. 화면 가득 고통의 몸짓을 표현하는 무용수의 모습, 혹은 경쾌한 춤곡에 맞춰 춤을 추는 여러 남녀의 공연은 영화와 무용의 경계, 허구 속 허구의 경계를 해체한다.

벨로조의 공연은 더욱 복잡한 구조로 되어 있다. 또 다른 경계를 해체하는 분화가 있다. 벨로조가 노래할 때 카메라는 천천히 패닝하면서 노래를 듣고 있는 사람들을 슬쩍 보여준다. 그곳에는 〈하이힐〉(1991)과 〈내 어머니의 모든 것〉(1999)에서 연기한 마리사 파레데스, 〈정열의 미로〉(1982)와 〈내 어머니의 모든 것〉의 세실리아 로스도 보인다. 알모도바르가 만든 다른 영화 속의 인물들이 그곳에 있다. 그들은 관객에게 감독의 다른 영화들을 환기하고, 또 다른 허구의 세계를 알려주며, 또 다른 허구와 현실의 경계를 없애며 여러 방향의 분기점을 만든다.

무용과 노래 공연은 베니그노나 마르코가 관람하는 모습, 즉 보는 자와 보여진 것을 함께 전달한다. 그러나 영화 속 영화, '줄어든 애인'에서는 이 영화를 보는 베니그노의 모습은 생략되어 있다. 관객은 극장의 스크린만 볼 수 있다. 이 영화는 온전히 베니그노의 이야기로 되어 있는, 베니그노의 머릿속에서 재구성된 영화이다. 영화를 보고 온 베니그노는 알리시아에게 영화의 줄거리를 이야기한다. 이어 흑백 무성영화의 이미지가 펼쳐진다. 이미지의 중간에 화면 밖 소리로 베니그노의 설명이 소리의 차원에서 이미지의 프레임을 감싼다. 그 중간에 알리시아의 몸을 마사지하며 영화 이야기를 들려주는 베니그노의 모습도 등장한다. 이처럼 영화 속 영화, '줄어든 애인'은 베니그노의 이야기가 만든 허구이다. 알모도바르는 왜 영화를 보는 관객의 모습 대신 영화를 이야기하는 베니그노만 보여줄까?

알모도바르는 "영화를 본다는 것은 영화를 재해석하는 일"이라고 말한다. 영화를 본다는 것은 영화를 이야기하는 것이고, 영화라는 허구의 세계를 현실의 삶 속으로 끌어오는 것이다. 〈그녀에게〉의 메시지가 무엇인가라는 질문에 알모도바르는 이렇게 답한다. "나의 모든 영화가 그렇듯이 이 영화의 메시지는 '가서 영화를 봐라, 그런 다음에 그 영화에 대해 친구들에게 생각나는 대로 이야기해라' 입니다." 알모도바르에게 영화를 보는 것은 또 다른 허구를 만드는 일이다. 허구는 현실의 힘든 삶을 위로하고 결핍된 욕망을 채워준다. 허구 속 허구의 반복과 변주가 욕망의 환유처럼 수많은 허구를 만들어내는 것, 이것이 알모도바르가 영화를 만들고 영화 속에서 욕망을 이야기하는 이유이다.

2부

진실,
혹은 거짓

모든 인간은 존재론적인 선택을 해야 한다.
이것은 어떤 인간이 되고 싶은지에 대한 선택이다.

— 키에르케고르

4. 거짓말, 그리고 삶의 진실

에릭 로메르 • 〈모드네 집에서의 하룻밤〉

1. 선택과 우연

삶은 선택의 연속이다. 우리는 하루에도 여러 번 사소하거나 중요한 선택의 갈림길에 선다. 선택의 옳고 그름은 시간이 흐른 뒤에야 판단할 수 있다. 우리는 시간 속에서 내기할 뿐이다. 우리의 선택이 올바른 것인지 잘못된 것인지. 비록 잘못된 선택이라 해도 우리는 과거를 바꿀 수 없고 다만 후회한다. 우리는 얼마나 자신의 선택에 믿음을 갖고 있는가? 삶의 비밀은 언제나 나중에야 밝혀진다.

에릭 로메르Eric Rohmer의 〈모드네 집에서의 하룻밤〉(Ma nuit chez Maud, 1966)에는 '선택'에 대한 실존적인 성찰이 담겨 있다. 로메르는 칸 영화제에서 황금종려상 후보에 오른 이 영화를 통해 세계적인 주목을 받았고 '누벨 바그'라는 흐름에서 자신만의 독자적인 영역을 구축했다. 〈모드네 집에서의 하룻밤〉에서 주인공은 자신의 신념에 어울리는 여자 프랑수아즈Françoise와 지적이며 매력적인 모드Maud 사이에서 갈등한다. 추상적인 신념과 구체적인 욕망 사이에서 주인공은 결국 신념을 선택한다. 그러나 신념에 따른 자신의 선택이 옳지 않았다는 것을 시간이 지난 후에야 깨닫게 된다.

이 영화는 화자인 나와 모드, 그리고 프랑수아즈라는 삼십대 남녀를 중심으로 종교적 사랑과 현실적 사랑, 진실과 거짓, 성스러움과 욕망이라는 문제를 다룬다. 감독은 인물의 내면에서 일어나는 섬세한 감정의 변화를 대화를 통해 탁월하게 묘사한다. 인물들은 파스칼, 키에르케고르 등 여러 철학자를 언급하면서, 도덕의 문제를 존재론적이고 철학적인 문제로까지 끌고 간다. 이 영화는 신념과 욕망 사이의 선택을 이야기하지만, 그 선택이 초래하는 삶의 공허함과 아이러니를 표현한다. 로메르는 선택의 불가능성은 바로 인간 존재의 실존적 조건임을 알려준다.

〈모드네 집에서의 하룻밤〉은 로메르의 '여섯 편의 도덕 이야기 연작Six contes moraux' 중 세 번째 영화로 '도덕 이야기' 연작의 정수로 여겨진다. 로메르는 이렇게 말한다. "모럴리스트는 인간의 내부에서 무슨 일이 일어났는가에 관심을 두는 사람이다. 그는 정신과 감정의 상태에 관심이 있다." 로메르에게 '도덕 이야기'란 행동보다는 내면의 변화를 보여주는 것, 감정을 분석해내는 작업이다. 〈모드네 집에서의 하룻밤〉에서 로메르는 인물의 내면을 어떻게 표현하는가? 어떤 영화적 장치를 통해 선택의 불가능성이라는 철학적 주제를 관객에게 전달하는가? 관객을 어떻게 선택이라는 실존적인 질문에 참여하게 만드는가?

2. 겨울, 클레르몽페랑

〈모드네 집에서의 하룻밤〉은 두 계절과 두 개의 공간으로 이루어져 있다. 클레르몽페랑Clermont-Ferrand의 겨울과 어느 바닷가에서의 여름이 영화가 만드는 시간과 공간이다. 그렇지만 이야기 대부분은 겨울 며칠 동안 클레르몽페랑에서 전개된다. 5년 뒤 여름 바닷가 장면은 겨울 이야기에 대한 일종의 에필로그와 같다. 특정한 시간과 공간 속에서 전개되는 이야기는 로메르 영화의 특징이다. 제한된 공간과 시간 속의 단순한 이야기는 감독이 표현하고 싶은 주제를 효과적으로 전달한다. 로메르는 일상생활의 세부적인 모습을 이러한 시간과 공간의 제한 속에서 자세하게, 그리고 반복적으로 보여준다.

그럴듯함, 즉 '핍진성verisimilitude'에 대한 로메르의 집착 때문에 이 영화의 촬영은 영화 속의 시간인 크리스마스이브에 이루어졌다. 그는 클레르몽페랑의 겨울, 그 공간과 시간만이 만들어낼 수 있는 이야기를 한다. 겨울 동안 많은 눈이 내려 녹지 않는 고지대, 미슐랭 공장이 있는 산업 도시. 무엇보다도 이 도시는 철학자 파스칼이 태어난 곳이다. 영화 속 인물들이 논하는 '선택'과 '우연', '내기'에 대한 철학적 담론은 이 도시와 무관하지 않다. 취미로 수학 문제를 푸는 엔지니어이면서 종교와 철학에 지대한 관심이 있는 주인공은 파스칼을 연상시킨다. 눈과 어둠의 겨울, 파스칼이 태어난 도시 클레르몽페랑이라는 공간은 선택의 문제, 의식의 변화를 더욱 세밀하게 보여줄 수 있다.

겨울은 눈과 밤의 계절이다. 밤새도록 내리는 눈은 주인공이 모드네 집에서 하룻밤을 보내는 구실이 된다. 모드와 비달, 그리고 주인공인 내가 함께 식사한 저녁에도 눈이 내린다. 비달은 먼저 집으로 돌아가고, 계속 내리는 눈 때문에 '나'는 모드 집에서 하룻밤을 보낸다. 또한 눈은 나와 프랑수아즈와 만나게 해준다. 주인공은 우연히 만난 프랑수아즈를 그녀의 기숙사까지 데려다준다. 그리고 눈길에서 자동차가 움직이지 못하자, 기숙사 옆방에서 하룻밤을 보낸다. 인물들을 연결하는 눈은 유혹과 사랑을 상징한다. 눈 내리는 날 주인공은 프랑수아즈에게 구혼을 한다. 눈은 주인공의 선택을 끌어내는 중요한 그리고 훌륭한 장치이다.

겨울이라는 시간과 그리 변화하지 않은 도시 클레르몽페랑의 공간을 표현하기 위해 감독은 이 영화를 흑백으로 촬영했다. 눈이 오는 겨울의 색은 흰색, 회색, 검은색이다. 대지 위에, 건물 위에, 거리 위에 쌓인 눈은 모든 것을 하나의 색, 흰색으로 만든다. 눈 속에서 사물은 흰색과 흰색이 아닌 것으로 나누어진다. 흰 눈에 덮인 겨울의 짧은 낮과 긴 밤. 흑백 필름만이 햇빛이 일찍 사라지는 겨울, 짧아진 낮과 일찍 찾아오는 밤을 적절하게 보여줄 수 있다. 흑백 필름은 '심리적 사실주의'를 돋보이게 만드는 장치이다.

로메르는 인물들의 사소한 시선이나 행동, 대화를 흑백화면에 정교하게 배치함으로써 내면의 감정과 생각을 훌륭하게 표현한다.

로메르는 디테일을 사용할 줄 아는 예리한 눈을 가지고 있다. 그는 일상의 공간과 사물들을 모자이크하듯 세심하게 배치한다. 일상생활의 모습은 '반복'을 통해 '사실 효과'를 갖게 된다. 서점, 카페, 미슐랭 회사, 성당, 모드네 집 등은 반복적으로 등장한다. 특히 주인공의 집에서 클레르몽페랑 시내로 가는 도로, 시내의 좁은 골목길, 광장과 같은 공간을 여러 번 보여주는 것은 이 도시를 사실적으로 재현하는 방법이다. 영화에서 실제의 공간을 반복해서 보여주는 것은 단순한 정보 전달 이상의 기능을 한다. 반복은 사실 효과를 만들어 관객에게 영화적인 환상을 실재라고 믿게 한다. 관객은 반복적으로 제시되는 이 공간을 친숙하게 생각하고 자신이 알고 있는 현실의 공간처럼 여기게 된다.

반복적으로 제시되는 도시의 풍경은 관객을 영화의 공간에 참여시키는 장치이다. 왜냐하면, 관객은 영화를 보며 얻은 정보를 통해 실제 이 도시를 알게 되고, 이 공간을 해석하기 때문이다. 로메르는 공간에 대한 정보를 관객에게 강요하지 않는다. 그는 풍경과 공간을 보여주는 파노라마 쇼트와 익스트림 롱쇼트를 빈번하게 사용해 관객의 시야를 넓혀주며, 객관적인 사실 효과를 전달한다. 관객은 실제의 공간인 클레르몽페랑과 영화 속 서사의 공간인 클레르몽페랑을 혼동하게 되고, 허구의 공간은 관객에 의해 해석된 공간, 해석된 현실이 된다. 공간을 보여주는 쇼트의 반복은 관객의 선택과 해석을 위한 장치이다. 관객의 참여와 선택은 이 영화 전체를 지배하는 구조이다. 선택이라는 실존적인 문제를 다루고 있는 이 영화가 관객에게도 선택을 요구하는 것은 어찌 보면 당연한 것이 아닐까?

3. 주관성과 객관성 사이

〈모드네 집에서의 하룻밤〉은 황량한 겨울 풍경으로 시작한다. 생명체의 움직임을 찾아볼 수 없는 삭막한 들판과 앙상한 나뭇가지들. 무엇보다도 관객을 당황하게 만드는 것은 카메라의 시선이다. 카메라는 인물보다 공간을 먼저 보여준다. 이어 이 풍경을 바라보는 주인공, '나'의 모습을 원경으로 담는다. 풍경을 보여주는 첫 쇼트는 화자의 시선에 포착된 '주관적인 이미지'인 것처럼 제시된다. 그러나 이어 오는 쇼트는 관객을 혼란스럽게 한다. 카메라는 어느새 실내로 들어와, 발코니 유리창을 통해 주인공의 뒷모습을 보여준다. 이어 주인공은 실내로 들어와 카메라 앞을 지나 사라진다. 그러나 카메라는 인물이 프레임 밖을 나간 뒤에도 계속 남아 그가 있던 공간을 지킨다.

카메라는 비어 있는 공간에 먼저 도착해 인물을 기다리기도 한다. 인물이 떠난 방을 지키던 카메라는 어느새 주인공보다 먼저 건물 밖으로 나와 닫혀 있는 문을 바라본다. 마치 주인공을 기다리듯이. 이어 주인공은 문을 열고 건물을 나와 자동차에 오른다. 그리고 천천히 프레임 밖으로 빠져나간다. 이번에도 카메라는 남아서 자리를 지키며 인물이 사라진 텅 빈 공간을 보여준다. 빈 공간은 성당, 모드네 집의 대화 장면 등 영화 여러 곳에 등장한다. 카메라는 인물보다 먼저 와 있고, 인물보다 오래 남아 자리를 지킨다.

사람이 없는, 혹은 사람이 사라진 텅 빈 공간을 보여주는 카메라의 시선은 관객에게 공허함을 느끼게 한다. 그렇지만 무엇보다도 이러한 카메라의 시선은 카메라의 현존을 강력하게 드러내는 장치이다. 더 정확히 말하면 관객에게 '카메라-시선'을 지각하게 만든다. 왜냐하면, 인물이 바라보는 것과 바라보는 인물을 보여주는 카메라는 이미지의 주관성과 객관성을 넘어 독립된 관찰자가 되기 때문이다. 이것은 카메라가 허구 세계에 속하지 않고 자율적 시각으로 세상을 바라보는 시선이다.

'카메라-시선'에서는 인물이 주관적으로 바라본 것과 카메라가 객관적으로 본 것 사이의 구별이 사라지게 된다. 〈모드네 집에서의 하룻밤〉에는 여러 차원에서 이러한 장치가 사용된다. 자동차 안의 장면은 이러한 '시점의 분화'를 보여주는 좋은 예이다. 이 영화에는 주인공이 자동차를 운전하는 장면이 여러 번 등장한다. 차창 밖의 움직이는 풍경을 보여주는 쇼트는 인물의 시선, 자동차 안에서 주인공이 바라본 주관적인 시점이다. 그러나 때로는 시점이 모호하게 이동하기도 한다. 성당에서 주인공은 우연히 프랑수아즈를 본다. 예배가 끝난 뒤, 자전거를 타고 가는 그녀를 자동차로 쫓아간다. 카메라는 주인공이 바라보는 차창 밖 좁은 도로를 보여준다. 카메라의 시선과 인물의 시선이 일치하는 '주관적인 시점'이다. 그러나 잠시 후 카메라는 뒤로 물러나, 운전대를 잡은 주인공의 뒷모습을 보여준다. 프랑수아즈를 집에 데려다주는 장면에서도 이러한 쇼트들이 반복된다. 카메라는 차창 밖의 풍경을 보여주다가, 뒤로 물러나 자동차 안의 주인공과 프랑수아즈의 대화 장면을 보여준다. 이것은 누구의 시선인가?

카메라가 자신의 현존을 강력히 주장하는 '카메라-시선'이 만든 쇼트는 일종의 이중적 프레임이라고 할 수 있다. 허구 세계에 속한 인물의 시선과 허구 세계에 속하지 않은 카메라 시선 '사이'에, 인물이 본 것과 카메라가 본 것 '사이'에 관객이 위치한다. 관객인 우리는 주인공을 통해 세상을 본다. 또한, 우리는 인물의 시점에서 독립된 카메라의 시선을 지각한다. 카메라의 시선을 의식할 때 관객은 카메라와 함께 본 세계, 인물의 이야기가 펼쳐지는 허구의 세계 밖에 있게 된다. 허구의 인물은 이러한 '카메라-시선'을 의식하고 있지 않기 때문에, 이 시선은 관객을 위한 것, 관객을 끌어들이는 장치이다. '카메라-시선'에 이끌린 관객은 허구이지만, 허구가 아닌 척하는 서사의 외부에 위치하게 된다.

이 영화에서 자주 등장하는 독특한 카메라 촬영 거리 역시 관객을 '주관적인 시선'과 '객관적인 시선' 사이에 놓는 장치이다. 인물들이 서 있는 모습을 포착한 쇼트는 좋은 예이다. 카메라는 빈번히 인물들의 발이 보이지 않는 미디엄 쇼트로 인물의 모습을 포착한다. 주인공이 친구 비달의 권유로 함께 간 음악회 장면을 예로 들 수 있다. 사람들이 음악회 홀에 들어서고, 자리에 앉는다. 카메라는 돔으로 된 극장의 멋진 천장을 보여준다. 불이 꺼지고 바이올린 연주자와 피아니스트가 프레임 안에 들어온다. 2분이 넘는 롱테이크로 카메라의 움직임 없이 포착된 이 쇼트는 연주 모습을 보여주는 일반적인, 혹은 고전적인 프레임과는 다르다. 일반적으로 음악회 장면은 연주를 듣는 청중의 시선을 표현하기 위해 연주자를 롱쇼트로 보여주거나 아니면 연주자의 내적 감정을 표현하기 위해 근접 쇼트로 촬영한다. 그러나 〈모드네 집에서의 하룻밤〉에서는 연주자의 발이 보이지 않는 미디엄 쇼트로 제시된다. 이러한 촬영 거리는 공간을 배려하면서도 인물의 얼굴과 연주하는 손의 움직임을 비교적 자세하게 표현한다. 몸 전체를 보여주지 않은 채, 즉 서 있는 인물의 발이 보이지 않게 화면에 오래 포착하는 쇼트는 흔하지 않다. 그러나 로메르는 인물에 너무 가까이 다가가지도, 인물들에 대해 세심하게 신경을 쓰지도 않는다. 그렇다고 이 쇼트가 인물을 멀리서 객관적으로 바라보고 있는 것도 아니다. 이 쇼트 안에는 주관적인 시선과 객관적인 시선이 혼합되어 있다. 인물을 포착하는 이러한 촬영 거리가 영화 전체를 지배한다. 거리 위에서, 모드네 집에서, 산 위에서도 우리는 인물들의 발이 보이지 않는 미디엄 쇼트를 쉽게 발견할 수 있다.

〈모드네 집에서의 하룻밤〉에서 로메르는 공간과 인물의 거리를 신중하게 설정한다. 이 영화에서 인물들이 제시되는 모습은 카메라에서 멀리 떨어져 있지도, 그렇다고 가깝게 있지도 않다. 이러한 거리는 관객이 인물들의 관계와 감정을 느낄 수 있게 해주지만 또한 동시에 인물에게서 거리를 두게 만든다. 이러한 촬영 거리를 통해 관객은 인물을 객관적으로 바라보면서 동시에 내면의 변화를 놓치지 않는다. 관객을 주관성과 객관성의 '사이'에 놓는다.

〈모드네 집에서의 하룻밤〉은 이처럼 주관과 객관의 시선, 인물의 시점과 카메라의 시선, 서사의 세계와 서사 밖의 세계 사이를 끊임없이 오간다. 또한, 이러한 장치는 관객을 주인공 내면의 세계와 그 세계에서 거리를 둔 객관적 세계 사이를 오가게 만든다. 서사의 세계와 거리를 둘 때, 관객은 자신의 시선으로 인물과 상황을 판단할 수 있다. '카메라-시선'은 관객을 주인공의 내면에서 빠져나오게 하고, 관객이 인물들의 감정에 이입하지 못하도록 끊임없이 시점을 변화시킨다. 이곳에서 관객은 인물들을 관찰하며 선택의 불가능성이라는 인간의 실존적인 공허함을 사유하고, 자신의 실존 또한 반추한다.

4. 이미지와 소리의 어긋남

〈모드네 집에서의 하룻밤〉이라는 제목에 걸맞게 이 영화는 모드네 집에서 주인공이 보낸 하루 저녁과 밤 장면이 46분 동안 이어진다. 종교에 대해, 파스칼과 키에르케고르에 대해, 그리고 사랑에 대해 토론하는 인물들의 대화는 내면의 정서를 표현하기 위해 정교하고 정확한 어휘가 사용된다. 로메르는 캐릭터들의 음색과 억양뿐 아니라, 그들이 쓰는 어휘에도 세심한 주의를 기울였다. 이를 위해 그는 배우들과 많은 시간 동안 대화하고 그것을 녹음하여 영화의 캐릭터에 적합한 대사를 썼다.

대사에 대한 세심한 배려뿐 아니라 대화 장면을 보여주는 편집 기법도 매우 독창적이다. 대화 장면을 보여주는 고전적인 편집은 '쇼트-역쇼트'로 이루어진다. 즉 말하는 사람을 보여주고 이어서 듣는 상대의 모습을 보여주는 것이다. 말하는 사람을 보여줄 때 관객은 대사에 집중할 수 있다. 그리고 이어 역쇼트로, 듣는 사람의 반응을 보여준다. 〈모드네 집에서의 하룻밤〉은 이러한 고전적인 편집 규범에서 이탈한다. 인물의 말이 끝난 뒤에도 카메라는 그를 떠나지 않는다. 듣는 사람의 모습을 보여주지 않는다. 대화 상대는 프레임 밖에서 말을 한다. 카메라는 동일 인물, 이제는 상대의 말을 듣고 있는 인물의 모습을 계속해서 보여준다. 화면은 바뀌지 않은 채, 프레임 밖에서 소리가 들려온다. 편집되지 않은 하나의 동일한 쇼트에서 관객은 말하는 사람에서 듣는 사람으로 인물이 바뀌는 것을 목격한다. 프레임 밖에서 들려오는 소리는 이미지에서 독립한다. 이제 청각적인 것은 시각적인 것과 연결되지 않는다.

〈모드네 집에서의 하룻밤〉에서 대부분의 대화 장면은 이런 식의 편집으로 되어 있다. 이러한 장치는 소리와 이미지를 어긋나게 하고 시점을 모호하게 만든다. '쇼트-역쇼트'의 고전적인 편집으로 이루어진 대화 장면에서 관객은 듣는 사람의 시점과 청각을 공유한다. 그러나 이 영화에서처럼 동일한 인물이 말하는 사람에서 듣는 사람으로 바뀌는 것을 보면서, 관객은 오히려 자신을 화면 밖의 소리, 즉 화면 밖에 있는 말하는 사람과 동일시하게 된다. 왜냐하면 이미지는 변하지 않고, 소리만 그 위치를 바꿨기 때문이다. 소리의 영역만 화면 밖으로, 관객이 있는 공간으로 넘어온 것이다. 이러한 '분화'는 이미지의 프레임과 소리의 프레임을 서로 다른 층위에 속하게 만든다. 관객이 있는 공간에 위치한 소리는 마치 현실의 공간, 즉 서사가 아닌 공간처럼 여겨지기 때문이다. 마치 '카메라-시선'이 그러했듯, 우리는 이중의 프레임—그렇지만 이번에는 시각적인 것을 감싸는 청각적인 프레임—앞에 있는 것처럼 이미지와 소리를 지각한다. 인물이 내면을 이야기하는 진지한 대화 장면에서도 로메르는 관객이 인물과 거리를 두도록 만든다. 이처럼 이미지와 소리의 어긋남은 서사적 공간과 비서사적 공간으로 나누는 장치, 관객에게 주관적인 것과 객관적인 것 사이를 왕복하도록 만들며 선택과 사유를 요구하는 또 다른 장치가 된다.

이 영화에서 소리와 이미지의 어긋남이 가장 극적으로 사용된 것은 '보이스오버'이다. 영화에는 두 번의 보이스오버가 등장한다. 겨울 클레르몽페랑의 이야기와 에필로그 형식으로 이루어진 5년 뒤 여름 바닷가의 이야기에서 화자인 나의 목소리가 한 번씩 등장한다. 첫 번째 목소리는 운전을 하고 있는 주인공이 프랑수아즈를 우연히 거리에서 보게 된 장면에서 들린다. 두 번째 보이스오버는 여름 바닷가에서 우연히 모드를 만나 대화를 나눈 뒤 진실을 알게 된 주인공의 목소리이다. 두 보이스오버는 모두 우연한 만남과 연결되어 있다. 첫 번째 우연은 주인공의 선택과 관련된 것이다. 두 번째 우연은 잘못된 선택, 아니 선택의 불가능성을 깨

닿게 해준다.

이 영화 전체의 서사를 이끌고 가는 것은 '선택'이 아니라 '우연'이다. 우연이 우리 삶을 지배하는 힘이라면, 우리는 선택의 불가능성을 받아들여야 한다. 그렇지만, 그럼에도 불구하고, 우리는 끊임없이 선택을 한다. 키에르케고르는 "인간은 자신이 삶의 길을 선택하고 있다고 여기지만, 실은 삶이 아닌 죽음의 길을 선택하고 있는 것"이라고 말한다. 선택의 불가능성을 보여주기 위해, 로메르가 '우연'의 힘을 사용한 것은 설득력 있지 않은가?

파스칼 보니체르Pascal Bonitzer는 보이스오버를 "시각적 이미지와는 완전히 다르고, 완전히 불확정적인 곳에서 나오는 소리"로 설명한다. 보이스오버는 시각 이미지를 마음대로 이용할 수 있는 힘을 갖는다. 보이스오버의 소리는 화면 밖에 있지만, 이 공간은 프레임의 연장이 아니다. 이미지의 층과 소리의 층이 일치하지 않는다는 점에서 '쇼트-역쇼트'의 고전적인 편집 규칙을 위반한 이 영화의 대화 장면들과 유사하다. 보이스오버 역시 이미지와 소리의 이중적인 프레임으로 되어 있다. 그런데 보이스오버의 이중적인 프레임은 좀 더 복잡하다. 각각의 층위는 또한 서로 다른 차원의 시간을 지니고 있다. 보이스오버는 프레임을 감싸며, 이중 프레임을 만든다는 점에서 카메라의 현존을 주장하는 '카메라-시선'과도 같다. 보이스오버의 목소리는 관객을 참여시키는, 관객에게 말을 거는 장치이다. 왜냐하면, 이 소리를 듣는 사람은 서사 속의 인물이 아니라, 관객인 우리뿐이기 때문이다. 그렇지만 관객은 이야기가 전개되는 과거와 주인공의 내레이션이 들려오는 현재 사이에, 그리고 서사의 공간과 비 서사적인 공간, 즉 주인공이 관객인 우리에게 말을 거는 공간 사이에 위치한다.

첫 번째 보이스오버는 운전하는 주인공의 시점으로 바라본 거리의 모습이 담긴 프레임 밖에서 들려온다. "12월 21일 그 월요일 나는 갑자기 프랑수아즈가 틀림없이 내 아내가 될 것이라는 걸 알게 되었다." 육체가 없는 이 목소리는 이미지의 시간에서 벗어나 있다. '그 월요일', '프랑수아즈'라는 표현은 이 영화의 이야기가 과거에 속한 것, 주인공의 과거 회상이라는 점을 알려준다. 왜냐하면, 이야기의 시간 속에서 주인공은 프랑수아즈라는 이름을 아직 알지 못하기 때문이다. 또한, 관객의 눈 앞에 펼쳐지는 모든 일이 사실은 화자의 머릿속에서 일어난 것임을 알려준다. 그리고 앞으로 전개될 이야기를, 즉 주인공이 매력적인 모드를 만나 하룻밤을 보내도 결국은 프랑수아즈에게로 돌아오게 되리라는 것을 미리 알려준다. 히치콕이 즐겨 사용한, 관객은 알고 인물은 모르는 '서스펜스 장치'처럼 우리는 주인공이 어떻게 모드의 매력을 피해 가는지를, 자신의 신념을 어떻게 고수하는가를 지켜본다. 이러한 점에서 첫 번째 보이스오버는 앞으로 전개될 이야기에 관객의 관심을 끌기 위한 장치라고도 할 수 있다.

겨울의 목소리가 프랑수아즈와의 결혼, 즉 자신의 신념을 알려준다면, 여름의 목소리는 프랑수아즈의 비밀과 주인공의 잘못된 선택을 알려준다. 그런데 이 두 번째 보이스오버는 좀 더 복잡하다. 왜냐하면, 이미지는 동일하지만, 소리의 층위에서 시간이 분화하기 때문이다. 주인공이 프랑수아즈에게 말을 건네는 와중에 보이스오버의 소리가 들려온다. 주인공은 그녀에게 이렇게 말한다. "내가 당신을 만나던 날, 나는 그녀의 집에서 나오던 참이었어. 그렇지만…." 말을 멈추고, 잠시 먼 곳을 응시하는 주인공의 모습을 미디엄 클로즈업으로 잡은 프레임 밖으로 보이스오버의 소리가 들려온다. "그렇지만 나는 아무 일도 없었어라고 말을 하려고 했다. 그러나 그 순간 갑자기 프랑수아즈가 나와 관련된 어떤 일이 아니라 그 여자와 관련된 어떤 일로 인해 두려워하고 있다는 생각이 들었다. 그리고 그것이 무엇인지가 바로 그 순간에, 정말 바로 그 순간에 이해되기 시작했다. 그래서 나는 그 말 대신에", "그래 그 여자가 마지막이었어. 이 많은 사람 중에 왜 하필 그 여자를 만나다니, 이상하지…."

이미지와 일치했던 소리가 화자의 내면의 소리로, 과거 회상의 소리로 바뀌게 되고, 이미지가 속한 과거에서 시간과 공간을 뛰어넘어, 이미지로부터 독립된 시점으로, 즉 주인공의 내면으로 소리는 미끄러진다. 그리고 이어서 다시 과거의 시간으로 돌아간다. 첫 번째 보이스오버가 관객의 '관심'을 끄는 기능을 한다면, 이 두 번째 보이스오버는 '확인'의 기능을 한다. 영화를 보는 동안 품게 된 관객들의 의혹, 그러나 확인할 수 없었던 바로 그 사실, 프랑수아즈가 모드의 전 남편의 애인이었다는 사실을 알려주고 관객의 추측을 확인해주는 것이다. 그런데 이 두 번째 보이스오버에서 더욱 중요한 것은 프랑수아즈는 모르지만, 관객인 우리만이 주인공의 거짓말을 알게 된다는 점이다. 관객은 주인공과 모드 사이에는 아무 일도 없었고, 주인공이 프랑수아즈에게 한 말은 거짓이라는 것을 잘 알고 있다.

　프레임을 감싸는 소리, 주인공의 거짓말은 자아의 소리, 사실을 다 알고 있는 내면의 목소리다. 동일한 인물의 음성이지만, 프랑수아즈에게 하는 말과 보이스오버가 들려주는 목소리의 결은 다르다. 미셸 시옹Michel Chion은 자아의 목소리로 들리는 보이스오버의 기술적인 특징을 목소리의 현존과 선명도라고 설명한다. 즉 자아의 목소리는 목소리와 우리의 귀 사이에 전혀 거리감을 느끼지 못할 정도로 친밀감을 준다. 주위의 소음은 사라지고, 주인공의 목소리는 낮은 톤으로, 냉정하게 바뀌어 관객에게 고백한다. 시옹에 의하면, 자아의 목소리인 보이스오버는 관객이 자신을 목소리의 주인공과 동일시하게 만드는 기능을 지니고 있다. 마치 우리 자신의 목소리, 즉 1인칭의 목소리인 것처럼 우리 안에서 울릴 수 있도록 배치되어 있다. 거짓말을 하는 목소리는 관객에게 공모할 것을 권하고, 눈감아 달라고 말한다. 그리고 이 목소리는 관객에게 되묻는다. '당신이라면 어떻게 할 것인가?'

　〈모드네 집에서의 하룻밤〉에서 주인공은 이름이 없이, 단지 1인칭 '나'로 지칭된다는 점도 의미심장하다. 관객은 주인공의 내면의 소리를 듣는다. 이 영화는 여러 장치를 통해, 관객을 호출한다. 그리고 마지막 보이스오버를 통해 관객에게 동일시를 요구한다. 그렇지만 관객인 우리는 늘 그의 내면에서 빠져나와 경계에 있다. 우리는 주인공의 내면의 소리, 자아의 목소리를 듣지만, 또한 '카메라-시선'과 공모한 우리는 거리를 두고 그의 모습을 관찰한다. 그러기에 우리는 선택할 수 없는 인간의 실존적 허무, 존재의 비애, 삶의 아이러니를 더욱 잘 느낄 수 있다. 또한, 그러기에 주인공의 잘못된 선택과 거짓말이 더욱 공허하게 느껴지고, 그의 삶이 더욱 비루하게 여겨지는 것이다.

5. 진실과 거짓말

〈모드네 집에서의 하룻밤〉은 마치 진실을 알게 되는 여름 해변에서의 마지막 장면을 위해 겨울의 이야기가 존재하는 것처럼 보인다. 왜냐하면, 진실과 주인공의 거짓말을 알고 난 뒤 다시 한 번 영화를 보아야 관객은 비로소 완전하게 이 영화를 이해할 수 있기 때문이다. 영화의 마지막 장면인 여름 이야기는 오히려 관객을 영화의 처음으로 다시 데려간다. 영화의 에필로그는 영화를 어떻게 보아야 하는지 알려주는 프롤로그가 된다. 세르쥬 다네Serge Daney는 이 영화가 "지나치게 깊이 생각하고 잰 영화, 지나치게 완벽한 영화"라고 말한다. 로메르가 영화의 대사, 카메라의 움직임뿐 아니라 재떨이, 담배를 피우는 손, 커피잔 등 사소한 일상의 것까지도 세심하게 연출했다는 의미이다. 관객이 진실을 알게 되고, 주인공의 거짓말을 들은 후 영화의 처음으로 돌아가 다시 영화를 보면 로메르가 세밀하게 연출한 진정한 비밀을 발견하게 된다. 영화를 보는 동안 우리가 왜 모드에게서 매력을 느끼고 프랑수아즈에게는 거리를 두었는지.

모드와 프랑수아즈를 보여주는 가장 큰 차이는 시점이다. 모드의 모습은 여러 번 주인공의 시점, 즉 주관적인 시점의 클로즈업 쇼트로 제시된다. 우리는 클로즈업으로 오랫동안 프레임에 머물러 있는 아름다운 모드의 얼굴을 여러 번 발견한다. 그렇지만 프랑수아즈가 주관적인 시점의 클로즈업으로 표현된 것은 기숙사 방에서 주인공과 대화를 나누는 장면 한 번뿐이다. 프랑수아즈의 모습은 자주 과도한 줌 렌즈로 포착된다. 주인공이 카페 앞에서 우연히 프랑수아즈를 만났을 때, 눈 오는 날 프랑수아즈에게 청혼을 할 때, 그리고 영화의 마지막, 주인공이 해변에서 모드를 만난 후 프랑수아즈에게 말을 할 때, 카메라는 갑작스럽게 줌 렌즈로 프랑수아즈에게 다가간다. 과도하게 사용된 줌인은 '카메라-시선'을 느끼게 하는 장치이다. 왜냐하면, 이 시선은 주관적인 시선에서 벗어난 독립된 지각이기 때문이다. 관객은 '카메라-시선'에 포착된 프랑수아즈의 모습에 거리를 두게 된다.

관객이 보고 있는 모드와 프랑수아즈는 주인공의 의식 속에 있는 모습이다. 분방한 줄 알았던 모드가 실은 정숙하고 신중한 여인, 자신이 찾던 여인이라는 것을 뒤늦게 안 주인공은 모드에 대한 미안함과 자신의 후회가 담겨 있는 시선을 그녀에게 보낸다. 아름다운 모드의 모습에는 사실을 알고 난 주인공의 주관적인 관점이 작용한다. 그러나 프랑수아즈를 보여주는 '카메라-시선'은 이미 진실을 알고 있는 시선, 과거에 무슨 일이 있었는지 다 알고 있는 증인의 시선이다. '카메라-시선'은 영화에서 줄곧 증인으로 존재하며 관객을 서사로부터, 인물의 주관적 감정으로부터 거리를 두게 한다.

그렇다면 주인공은 왜 거짓말을 했을까? 왜 거짓말을 '선택'했을까? 프랑수아즈는 주인공의 거짓말에 안심한다. 그렇다면 사실을 알게 된 주인공은? 주인공의 거짓말은 이제 그가 삶의 진실 중 하나를 깨달았다는 것을 의미한다. 그는 선택의 불가능성, 보이는 것과 사실과의 괴리, 신념의 공허함을 알게 되었다. 그리고 그는 관객에게 삶의 진실 중 하나를 알려준다. '그는 진실을 알게 되었기 때문에 거짓말을 한다.' 진실을 알고 프랑수아즈에게 사실을 말했다면, 그는 자신의 신념으로부터 기만당한 현재의 삶을 받아들이지 못할 것이다. 주인공은 모드에게 "제가 만약 아내를 얻는다면, 나의 사랑은 시간이 흘러가도 견뎌낼 것입니다. 내가 만일 그 여자를 사랑하지 않게 된다면 나는 나 자신을 경멸하게 될 것입니다"라고 말한 적이 있다. 그는 과거에 한 이 말을 지키기 위해, 현재를 위해, 그리고 자신의 삶을 위해 거짓말을 한다. 그렇지만 그는 이제 자신의 신념을 늘 의심하게 될 것이다. 자신의 삶과 존재에 대해서도 늘 의혹의 눈길을 던지게 될 것이다. 주인공의 '거짓말'과 삶의 '진실'은 실존적 인간의 탄생을 보여준다. 그래서 영화의 마지막에 인물들은 등을 돌리고, 관객인 우리에게 등을 보이며, 멀리 바다를 향해 가버린다. 등을 돌린다는 것은 자신들의 이야기는 끝났고, 이제 관객이 스스로 삶을 되돌아볼 차례라고 말하는 것이다.

제임스 모나코James Monaco는 이렇게 말한다. "〈모드네 집에서의 하룻밤〉은 자신의 인생을 틀 지우는 선택을 마음대로 하지 못한다는 점을 깨달을 때마다 주기적으로 겪게 되는 슬픔의 감각을 보여준다." 영화는 끝까지 주인공의 편을 들지 않는다. 그저 그의 선택을 보여줄 뿐이다. 자신의 판단에 따른 행동은 현실에서 빗나가 버리고, 현실과 우연의 힘은 그를 비루한 인간으로 만든다. 그러기에 삶의 아이러니가 만드는 공허함과 슬픔은 영화가 끝나도 오래도록 남는다.

5. 기억과 망각의 놀이

봉준호 • ⟨마더⟩

1. 마더 그리고 머더

봉준호의 ⟨마더⟩(2009)는 어둡고 강렬하고 충격적이다. 엄마라는 단어가 품고 있는 푸근함과 따뜻함 대신 살인과 섹스가 영화 이야기를 끌고 간다. 봉준호 감독은 한 인터뷰에서 "이 영화는 관광버스에서 춤을 추는 아줌마들의 모습에서 출발했다"고 말한다. 달리는 버스의 비좁은 통로에서 미친 듯이 몸을 흔드는 엄마들의 모습에서 감독이 발견한 것은 무엇일까?

봉준호 감독은 ⟨마더⟩가 자신의 영화 중 사회적인 풍자가 가장 적은 작품이라고 말한다. 영화는 사회 시스템의 문제와 계층 간의 갈등을 보여주기보다 엄마와 아들의 관계에 집중한다. ⟨마더⟩에서 엄마는 이름이 없다. 동네 사람들에게 엄마로만 불릴 뿐이다. 이야기의 공간도 지역적 특색을 피하려고 지방 여러 장소에서 촬영되었다. 등장인물은 거의 사투리를 쓰지 않는다. 엄마와 아들의 관계만을 보여주기 위해 아버지의 존재도 등장하지 않는다. 우리에게 '엄마'는 어떤 존재인가?

〈마더〉는 '엄마'가 지닌 이면의 모습, 혹은 엄마의 내면세계를 보여주고자 한다. 비록 살인과 섹스를 통해 이야기를 극단까지 끌고 가지만, 이러한 상황은 엄마와 아들의 관계를 더 잘 보여주기 위한 장치일 뿐이다. 봉준호 감독은 시간을 통해 엄마의 내면을 표현한다. 더 정확히 말하면 기억하는 것과 애써 기억을 지우는 것, 시간의 문제를 다룬다. 기억은 과거의 시간을 현재로 불러오는 것이다. 망각은 현재에 도달하지 못한 과거의 시간이다. 〈마더〉는 기억을 지워야만 현재를 살아갈 수 있는 엄마의 슬픈 이야기이다. 과거 어느 때 엄마는 사는 일이 힘들어 아들 도준과 함께 농약을 먹고 자살하려고 했었다. 이제 아들과 자신은 살인자가 되었다. 죄 없는 사람이 아들 대신 감옥에 갔다는 사실은 엄마만이 알고 있다. 봉준호 감독의 표현을 빌리자면 엄마에게는 과거와 미래가 다 봉쇄되어 있다. 이런 엄마에게 기억을 없애는 것은 살아가기 위한 처절한 몸부림이다.

〈마더〉의 강렬함은 이야기나 주제보다는 탁월한 연출에서 나온다. 이야기를 '보여주는' 훌륭한 연출이 영화의 강렬함을 만든다. 이를 통해 관객은 엄마의 기억 속에, 엄마의 내면으로 들어갈 수 있다. 〈마더〉는 엄마의 기억이 만들어 낸 이야기이다. 영화는 엄마의 기억과 의식 속으로 관객을 끌고 간다.

2. 시간의 미로

〈마더〉는 누명을 쓴 아들을 구하려는 엄마의 이야기를 두 가지 스타일로 보여준다. 영화는 1부와 2부로 나눌 수 있다. 각각은 다른 방식으로 이야기를 전달한다. 드라마와 서스펜스 스릴러 장르의 결합이다. 장르가 나뉘는 분기점은 진태가 '엄마'에게 범인을 직접 찾으라고 말하는 장면이다. 비 오는 밤, 검고 푸른 어둠 속에서 엄마가 아정의 시체가 발견된 폐가의 옥상으로 뛰어가는 장면부터 영화는 변한다. 1부의 이야기가 아들의 무죄를 밝히기 위해 동분서주하는 엄마의 모습을 다소 블랙 코미디적인 방식으로 보여준다면, 2부의 이야기는 살인의 비밀을 밝히고 범인을 찾는 서스펜스 스릴러로 전개된다.

1부와 2부의 차이는 무엇보다도 시간을 표현하는 방식에서 잘 드러난다. 시간의 사용은 두 장르의 특징을 표현한다. 1부의 이야기는 사건의 순서대로 제시된다. 여고생 살인범이란 누명을 쓴 아들을 구하기 위해 애쓰는 엄마의 이야기는 '모성'이라는 주제를 중심으로 펼쳐진다. 다섯 살 아이의 지적 수준에 머문 이십대 아들에게 맹목적인 사랑을 보여주는 엄마의 이야기이다. 성인이 다 된 아들은 여전히 엄마의 젖가슴을 만지며 잠든다.

1부의 이야기는 살인의 비밀과 같은 음침하고 어두운 내용과 거리가 있다. 1부의 시간은 마치 미래를 향해 펼쳐지는 현재의 이야기, 일상적인 이야기, 혹은 파스칼 보니체르의 말을 빌리자면,

'위장된 자연의 겉면'이다. 그것은 사소하거나 친숙하거나 관습적인 모습으로 일상을 보여준다. 범죄를 보여주기 위해서는 우선 자연스러운 질서가 필요하다. 범죄는 자연스러운 질서를 흩트려 놓아 얼룩을 만든다. 얼룩은 범죄 이야기를 탄생시키는 중요한 요소이다. 〈마더〉에서 얼룩의 지점은 바로 폐가와 골목길이다.

2부의 이야기는 비밀을 밝혀내는 과정이다. 사건의 이면에 숨겨진 비밀은 과거의 시간을 향한다. 진태가 엄마에게 "엄마가 범인을 직접 찾아"라고 말하는 장면은 이러한 점에서 흥미롭다. 현재의 시간이 펼쳐지는 것처럼 전개되던 이야기는 이 순간부터 흐트러진다. 비 오는 밤 엄마 집에서 진태가 문아정의 시체가 있던 폐가를 설명하자 장면이 바뀐다. 비가 세차게 내리는 어두운 밤, 폐가를 향해 급하게 뛰어가는 엄마의 모습이 등장한다. 시체가 발견되었던 옥상에 올라간 엄마가 마을을 바라볼 때 이 장소를 설명하는 진태의 목소리가 보이스오버로 들린다. 이어 다시 장면이 엄마의 집으로 바뀐다. 마주 앉은 진태가 엄마에게 "아무도 믿지 마, 나도 믿지 마, 엄마가 직접 찾아 범인을"이라고 말한다. 그리고 다시 카메라는 어둠 속에서 불빛이 보이는 집들을 바라보는 엄마의 뒷모습을 보여준다.

현재형으로 진행되던 이야기는 한순간 질서가 와해되며 혼란스러운 시간의 형상을 만든다. 사운드와 이미지 사이의 연결이 사라진다. 진태의 목소리가 들리는 사운드 영역은 이전 쇼트와 이어지며 연속적인 시간의 진행을 따라가지만, 이미지는 시간을 건너뛴다. 진태의 목소리가 현재에 속한 것이라면, 시각 이미지는 미래의 것이다. 왜냐하면 진태의 말을 듣고 엄마가 폐가를 찾아갔기 때문이다. 그러나 이미지가 현재에 속한 것이라면 진태의 목소리는 과거의 것이 된다. 이처럼 이미지와 사운드 사이의 어긋난 편집은 현재와 미래, 혹은 과거를 혼란스럽게 뒤섞는다. 시간이 뒤섞이는 이 장면은 장르의 전환을 알려주는 표지이다. 범죄의 흔적을 찾고 비밀을 알아내는 것은 과거로 시선을 돌려, 시간을 탐색하는 일이다.

〈마더〉에서 엄마의 추적이 시작되는 장면의 편집은 흥미롭다. 비 내리는 폐가의 장면 바로 다음에 엄마가 아정에 관한 비밀을 알아내기 시작하는 장면이 이어진다. 각 쇼트는 서로 다른 시간과 공간에 속한 이야기이지만 마치 말 잇기처럼, 혹은 질문에 대한 대답처럼 대사가 연결된다. 엄마는 문아정 주변을 탐색하기 위해 그의 사진을 방에 붙이며 "예쁘게 생겼네"라고 혼잣말을 한다. 이어 다음 쇼트에서 엄마에게 침을 맞는 한 여자가 "미인박명이라더니"라고 말한다. 다른 여자가 "누가?"라고 묻자 다시 쇼트가 바뀌며 남학생들이 모여 있는 학교 앞 문구점에서 한 학생이 "문아정이요"라고 말한다. 엄마가 학생들에게 문아정에 대해 "더 기억나는 것 없어?"라고 물어보자 다음 쇼트가 이어지며 면회실에서 도준이 "뒷모습만 기억나"라고 말한다. 면회실에서 엄마는 도준에게 "맨하탄에서 거기 가는 동안 아무도 못 본 거야?"라고 질문하자 다시 쇼트가 바뀐다. 교도소 운동장에서 한 재소자가 다른 재소자에게 "쟤 보이지?"라고 하면서 도준을 가리킨다.

침을 놓는 방에서 학교 앞 문방구로, 그리고 면회실에서 교도소 운동장으로 공간은 바뀌지만, 인물들의 대사는 서로 연결된 것처럼 이어진다. 서로 다른 시간과 공간을 언어로 빠르게 연결한다. 질문과 대답으로 이어지는 이러한 편집은 마치 증거와 흔적을 더듬어가며 탐문 수사를 하듯 쇼트를 연결한다. 이 장면의 편집은 추적의 이야기를 형상화하는 장치이다. 관객은 편집이 만들어낸 추적의 형식과 탐문의 과정을 즐긴다. 이미지의 불연속적인 편집과 말의 연속성이 만들어낸 이질적인 두 층위를 연결하는 것은 관객이다.

추적의 이야기는 또한 시간의 미로를 탐색하는 일이다. 추적이 시작되는 곳은 문아정이 죽은 폐가, 폐가가 있는 골목길이다. 폐가는 또한 도준의 기억이 사라진 곳이다. 기억을 찾는 것은 과거 속으로 들어가 빈 곳을 찾아 채우는 일이다. 엄마는 이제 현재와 과거를 오가며 범인과 증인을 찾기 위해 시간의 미로를 헤매야 한다. 어둡고 좁은 골목길에서 사라진 기억을 찾는 일은 어지럽게 갈라진 시간의 길을 빠져나오는 과정이다.

시간의 미로는 복잡하다. 망각을 기억으로 이끌어야 하는 곳, 비밀을 풀 수 있는 곳은 현재와 과거가 갈라지고 겹쳐지는 지점에 있다. 엄마가 직접 범인을 찾아 나선 이야기부터 플래시백이 자주 등장한다. 플래시백을 통해 비밀이 밝혀지는 이 지점들은 엄마가 시간의 미로를 빠져나오는 여정이다.

중요한 비밀이 밝혀지는 장면에서 시간은 늘 현재에서 과거로 이동한다. 문아정의 핸드폰은 비밀을 밝혀 줄 수 있는 중요한 단서, 미궁을 빠져나오게 하는 첫 번째 열쇠이다. 사진관 주인이 문아정과 핸드폰을 기억해내는 장면은 플래시백으로 표현된다. 현재에서 과거를 회상하는 장면의 편집은 독특하다. 마치 현재와 과거 사이의 구분이 없는 것처럼 한 쇼트에서 시간이 이동한다. 엄마의 부탁으로 도준의 사진을 인화하던 사진관 주인은 문아정이 친구와 사진관에 왔던 것을 기억한다. 이 쇼트는 어둠 속에서 컴퓨터 화면을 보는 사진관 주인의 모습을 보여주다가 갑자기 문이 열리는 소리와 함께 환한 빛이 들어오고 아정과 친구가 사진관에 왔던 과거의 시간으로 바뀐다. 과거는 빛처럼 스며들며 하나의 쇼트 안에서 현재와 연결된다. 기억이란 이처럼 과거의 시간 속에 묻힌 것이 현재 속으로 들어오는 것이다.

핸드폰 속 사진의 비밀이 밝혀지는 장면에서도 현재와 과거가 나란히 등장한다. 엄마는 놀이공원에서 문아정과 친했던 남학생을 위협해 핸드폰 속 사진의 비밀을 듣는다. 현재에 속한 남학생의 무릎 위에 과거에 속한 아정의 모습이 보인다. 하나의 쇼트 속에 현재와 과거가 나란히 등장한다. 진태에게 맞아 피 흘리는 남학생은 과거의 아정과 이야기를 나눈다.

하나의 쇼트에서 현재와 과거가 동시에 제시되는 것, 현재와 과거 사이의 경계가 사라진 것은 어떤 의미일까? 현재와 과거의 구분이 없는 시간, 두 시간은 모두 이미 지나간 시간이 아닐까? 이 두 시간은 모두 과거의 이야기, 현재인 과거와 과거의 과거에 속한 이야기가 아닐까? 현재와 과거의 경계가 사라진 장면은 떠오르는 기억을 이미지로 표현한 장치이다. 이것은 누구의 기억인가? 그렇다면 현재의 이야기처럼 진행되던 1부의 시간도 과거에 속한 것인가? 〈마더〉의 편집은 이처럼 관객을 추적의 여정에 끌어들이고 시간의 미로 속에 집어넣는다.

3. 기억을 보여주는 시선

봉준호 감독은 인터뷰에서 "〈마더〉에서 폐가와 작은 집들 사이의 골목길에 모든 진실이 응축되어 있다"고 말한다. 엄마가 시간의 미궁을 빠져나올 수 있는 곳은 진실이 응축된 곳, 혹은 얼룩이 있는 지점인 폐가이다. 이곳은 영화에 네 번 등장한다. 처음은 도준이 문아정을 따라갈 때, 두 번째는 엄마가 진태의 말을 듣고 범인을 찾을 결심을 하며 폐가를 찾았을 때, 그리고 도준이 아정이 죽던 날을 떠올리며 폐가 안쪽에 있던 고물상 노인을 기억해낼 때, 마지막으로 살인을 목격한 고물상 노인의 이야기 속에서다. 폐가와 골목을 보여주는 방식은 독특하다. 이 공간에서는 주체를 알 수 없는 시선이 등장하고, 시점의 혼란이 생긴다. 폐가와 골목길에서 마주치는 모호한 시선은 범죄의 진실을 알려준다.

도준이 폐가 앞까지 문아정을 따라가는 장면에서 처음으로 모호한 시점이 등장한다. 술에 취해 집으로 가던 도준은 길에서 여고생 문아정을 보고 뒤를 따라간다. 아정을 뒤에서 따라가는 시선은 도준의 시점이다. "남자가 싫으니?"라는 도준의 말에 아정은 골목으로 숨는다. 이때 카메라는 도준의 시점에서 벗어나 갑자기 도준의 뒤로 와 천천히 뒷모습을 보여주다 그의 옆을 지나간다.

그리고 검은 문처럼 보이는 어두운 골목길을 보여준다. 이 시선은 누구의 것일까? 이어 카메라는 더 가까이 골목으로 다가가다 쇼트가 바뀌면서 골목 안에서 밖을 바라보는 시선이 된다. 잠시 후 카메라는 아정을 찾는 도준의 모습을 골목 안쪽에서 보여준다. 이처럼 도준을 따르던 카메라는 도준에게서 독립해 골목 안으로 들어가 이곳에서 도준을 바라본다. 잠시 후 골목 안쪽에서 도준을 향해 돌덩이가 날아오고 놀란 도준은 잠시 머뭇거리며 어두운 골목을 바라보다 집으로 간다.

엄마가 폐가의 옥상에서 마을을 바라보다 내려올 때의 카메라 움직임도 독특하다. 카메라는 엄마보다 먼저 폐가 안에 들어와 있다가 어둠 속에서 계단을 뛰어 내려가는 엄마의 모습을 다 낡고 부서진 창문을 통해 바라본다. 이 시선은 엄마의 움직임을 따라 천천히 이동한다. 뛰어가는 엄마의 모습이 창문들 사이로 보인다. 어둠을 가르며 뛰어가는 엄마의 모습을 지켜보는 이 시선은 누구의 것인가? 안에서 밖을 바라보는 시선, 어둠 속에서 자신의 모습은 감춘 채 창문을 통해 밖을 바라보는 시선은 누구의 것인가?

시간의 미로가 시작되는 폐가가 있는 공간은 또한 시점이 바뀌는 곳, 시점이 혼란스러운 곳이다. 인물을 따르던 카메라는 독립해서 움직이고, 인물보다 먼저 공간에 도착해 인물을 몰래 기다린다. 자신의 모습을 드러내지 않으면서 인물을 관찰하는 시선은 관음증적이다. 도준을 따르던 카메라의 시선, 폐가의 내부에서 엄마를 바라보던 시선, 바라보는 이의 정체를 알 수 없는 이 시선에는 욕망이 담겨 있다. 문아정이 죽은 폐가는 관음증의 공간이다.

도준이 노인을 기억해내는 장면도 흥미롭다. 아정의 핸드폰을 찾으러 가는 엄마의 모습과 폐가에 있던 노인을 기억해내는 도준의 모습이 교차 편집된다. 아정의 할머니 집으로 뛰어가는 엄마의 모습 다음에 폐가 앞을 걸어가는 아정의 모습이 이어진다. 공간을 이어주던 편집이 현재와 과거라는 시간을 연결하는 편집으로 바뀐 것이다. 더 흥미로운 건 도준이 잊었던 기억을 떠올려내는 장면이다. 골목으로 들어간 아정이 다시 나와 뒷걸음질을 치며 걷는다. 이미지를 되돌려 보는 것처럼 카메라는 뒤로 빠지며 도준이 지나친 곳을 다시 보여준다. 무엇인가를 본 도준의 모습에 이어 창문 저쪽 폐가 안에 있는 노인의 모습이 보인다. 마치 필름을 되감는 것처럼 과거의 기억을 떠올리는 이 장면은 트래킹 아웃하는 카메라의 움직임을 통해 거슬러 가는 시간, 과거의 기억을 보여주는 탁월한 연출이다. 한 공간 속에서 시간이 분화하는 모습, 현재와 과거, 현재였던 과거가 그 이전의 과거와 분화하는 순간이다.

아정이 살해되던 날 밤에 몰래 창문 밖을 지켜보던 노인의 시선은 과거의 것이다. 이 시선은 처음 도준이 아정을 쫓아가며 폐가의 골목에 등장할 때, 그리고 엄마가 옥상에서 내려올 때 나타난 관음증적인 시선의 정체를 알려준다. 관음증적 시선에는 시간이 담겨 있다. 엄마가 옥상에 올라갔다 내려올 때 지켜보았던 누군가의 시선 속에, 도준이 아정을 쫓아갈 때 등장했던 카메라의 독립적인 움직임 속에 이미 과거의 시선이 담겨 있다. 카메라의 독립적인 움직임이 만드는 관음증적인 시선 속에서 과거와 현재의 시간이 분화한다.

관음증적인 시선, 카메라의 독립적인 움직임은 진실이 응축된 폐가와 골목길의 장면들을 모두 과거 회상의 이야기로 만든다. 흘러가는 현재의 시간처럼 보였던 1부의 이야기도, 사건의 전말을 추적하는 2부의 이야기도 실은 모두 과거를 회상하는 이야기이다. 그렇다면 이 장면들은 누가 회상하는 과거인가? 누구의 기억이 만든 이미지, 혹은 이야기인가?

　　고물상 노인의 진술은 우리가 보지 못한 것들, 엄마는 알지 못하고 도준은 잊고 있던(혹은 잊으려 한) 사실을 알려준다. 골목길에서 아정은 도준에게 돌을 던진다. 바보라는 소리를 들은 도준은 이 돌을 던져 아정을 살해한다. 도준은 당황하다 아정의 시신을 옥상으로 끌고 간다. 보이스오버로 들리는 노인의 목소리는 현재의 것이지만 이미지는 과거를 보여준다. 낡은 방충망이 있는 흐릿한 창문 너머로 보이는 아정과 도준의 모습은 폐가 안에서 밖을 바라보는 노인의 시점을 표현한다. 그런데 아정이 돌을 던지고 이것에 놀라는 도준의 모습을 보여주는 쇼트에서 다시 한번 시점의 주체가 변한다. 돌을 던지는 아정의 모습은 건물 안에서 흐릿한 창문 너머로 바라본 이미지, 노인의 시점으로 표현된 것이다. 이어지는 쇼트는 건물 밖에서 본 모습이다. 돌이 날아와 놀라는 도준의 모습은 건물 밖 시점으로 선명하게 제시된다. 그런데 이 쇼트는 이미 우리가 본 이미지이다. 1부에서 도준이 아정을 따라갈 때 등장한 것과 같은 쇼트이다. 그렇다면 이것은 노인이 본 것과 도준이 본 것, 노인의 기억과 도준의 기억, 노인의 이야기와 도준의 이야기가 합쳐진 장면이다. 도준과 노인의 이야기를 모두 들은 사람은 누구인가?

이어 뒤돌아가려는 도준의 모습이 흐릿하게 보인다. 도준에게 "바보 자식아"라고 말하는 아정의 모습은 이보다 선명하다. 더 흥미로운 것은 이 말을 듣는 도준의 모습을 흐릿한 클로즈업으로 포착한 점이다. 도준의 얼굴은 너무 흐릿해서 거의 인물을 구분할 수 없을 정도이다. 흐릿한 얼굴은 자신을 바보라고 부른 아정에게 돌을 던진다. 낡은 창문으로 본 모습이라 해도 지나치게 흐려서 알아볼 수 없는 얼굴, 그러나 클로즈업으로 제시된 얼굴이다. 왜 클로즈업 쇼트인가? 클로즈업 쇼트는 실제 가까운 거리에서 바라본 시선이 아니라면 일반적으로 주관적인 감정을 표현하는 카메라의 촬영기법이다. 확인할 수 없는 얼굴, 흐릿한 얼굴은 알고 싶지 않은 사실, 지우고 싶은 기억이다. 도준의 흐릿한 클로즈업 얼굴은 노인의 시점이 아니다. 노인의 이야기를 듣고 떠올리는 엄마의 시점이다. 묻어버려야 하는 진실, 망각해야 하는 기억은 흐릿한 이미지로 영화에 등장한다. 도준이 범인이라는 사실을 지우고 싶어 하는 엄마의 기억이다. 범인이 밝혀지는 이 장면은 〈마더〉의 이야기가 어떻게 복잡한 시간의 미로처럼 구성되어 있는지, 기억이 어떻게 떠오르고 은폐되는지를 잘 보여준다.

흐릿한 시점은 한 번 더 등장한다. 엄마가 종팔이를 면회하는 장면에서이다. 종팔이는 아정을 죽인 범인으로 몰려 감옥에 간다. 도준 대신 아무 죄 없는 종팔이가 범인이 된 것이다. 종팔이가 면회실에 들어오는 모습은 흐릿한 시점으로, 도준이 아정을 죽일 때와 비슷한 이미지로 제시된다. 엄마만이 진실을 알고 있는데, 그 진실을 밝힐 수 없는, 진실을 지우고 싶은 기억이다. 지우고 싶은 종팔의 얼굴은 엄마의 기억 속에서 흐릿한 모습으로 등장한다. 종팔은 울고 있는 엄마에게 "울지 마라"라는 말을 남기고 면회실을 떠난다. 이때 카메라는 인물들에게서 독립해 면회실 옆쪽으로 간다. 면회실의 겹쳐진 여러 유리창 프레임을 통해 엄마를 보여준다. 엄마는 마치 기억의 심연에 들어가 있는 듯하다. 다른 시간에서 있는 카메라는 깊은 망각 속에 묻어두고 싶은 엄마의 기억을 비추고 있다.

또 다른 살인이 일어나는 고물상에서도 폐가에서와 같은 모호한 시선이 등장한다. 도준이 기억해낸 고물상 노인이 살인자가 아니라 도준의 살인을 목격한 증인이라는 것을 알게 된 순간 엄마는 아들의 죄를 숨기기 위해 살인을 저지른다. 엄마가 노인을 살해하는 장면에서도 시점의 분화가 일어난다. 이 장면에서 카메라 앵글과 시점이 독특하다. 노인이 도준을 신고하려 경찰서에 전화를 걸자 엄마는 노인을 둔기로 때려 살해한다. 엄마는 광기 어린 모습으로 노인을 둔기로 여러 차례 내려치다 바닥에 흥건히 고인 피를 보고 비명을 지른다. 우발적으로 살인을 저지른 엄마가 자신의 죄를 자각하는 순간이다. 이 순간 클로즈업으로 엄마의 얼굴을 비추던 카메라가 멀찍이 물러나 마치 누군가가 지켜보는 것처럼 겁에 질린 엄마의 모습을 보여준다. 엄마의 시점에서 관찰자의 시점으로 바뀐 것이다. 이어 카메라는 피를 닦아내려 애쓰는 엄마의 모습을 극부감high angle으로 보여준다. 극부감 쇼트는 피할 수 없는 상황에 빠진 나약한 인물의 모습을 표현한다. 마치 신과 같은 존재가 인간의 삶을 내려다보는 것처럼, 모든 것을 다 보고 다 알고 있다는 시선으로 살인의 흔적을 지우려는 엄마의 모습을 보여준다. 다음 쇼트에서 카메라는 위치를 바꿔 피를 닦는 엄마의 모습을 창살 너머로 보여준다. 창살 저쪽에서 울면서 피를 닦는 엄마의 모습이 보인다. 폐가 안쪽에서 노인이 창문을 통해 도준의 살인 장면을 목격했던 것처럼 창살은 보는 사람과 보이는 대상을 이쪽과 저쪽으로 분리한다.

시점이 바뀌는 때, 다시 말해 카메라가 엄마에게서 물러나 부감으로 내려다보고 이어서 창살을 통해 인물을 보여주는 것은 엄마가 자신의 범죄를 깨닫는 순간이다. 엄마가 자신의 죄를 객관적으로 보는 순간 카메라는 창살 이편으로 와 엄마의 모습을 바라본다. 누군가가 지켜보는 듯한 시선은 엄마가 불타는 고물상을 나와 숲으로 갈 때까지도 이어진다. 숲속에서 헤매는 엄마의 모습이 나무들 사이에서 보인다. 창살 너머의 모습, 나무들 사이에서 보이는 엄마의 모습은 폐가에서 보았던 관음증의 시선과 비슷하다. 이쪽에서 엄마를 바라보는 시선은 누구의 것일까? 살인 현장을 바라보는 시선은 누구의 것인가?

4. 반복과 차이

엄마가 고물상 노인을 살해하고 들판에 나왔을 때, 하나의 이야기가 완성된 것처럼 보인다. 몽환적인 둥근 들판과 꿈에서 깬

듯 몽롱한 엄마의 모습을 우리는 영화의 오프닝 시퀀스에서 이미 보았기 때문이다. 처음 시작한 곳과 만나며 영화는 원을 그리듯 완결된 형태를 취하는 것 같다. 그러나 이야기는 계속된다. 약재상에서 작두로 약재를 자르는 엄마의 모습, 영화의 처음에 등장한 비슷한 장면을 반복하면서 다시 이야기가 시작된다. 엄마가 들판에 나온 이후의 이야기는 에필로그의 기능을 한다. 에필로그는 하나의 이야기가 끝난 뒤 캐릭터가 어떻게 되었는가를 효율적으로 알려주며 스토리를 완성하는 역할을 한다.

〈마더〉의 에필로그는 이전에 등장한 비슷한 장면을 반복하지만 다르다. 엄마와 도준이 식사하는 장면과 잠자는 장면은 좋은 예이다. 도준이 골프장 폭행 사건으로 경찰서에서 조사를 받고 나왔을 때 엄마는 도준에게 삼계탕을 먹이며 몸보신해야 한다고 말한다. 도준이 살인 누명을 벗고 교도소에서 나온 후에도 두 사람은 삼계탕을 먹는다. 카메라는 같은 구도로 두 장면을 보여준다. 엄마가 붉은색 옷을 입고 도준이 푸른색 옷을 입고 있는 것도 유사하다. 에필로그에 등장하는 식사 장면은 엄마와 도준이 예전의 일상으로 돌아온 것을 의미한다. 그러나 이들의 삶은 전과 같을 수 없다.

두 사람이 잠자는 장면의 반복은 이전과의 차이를 잘 보여준다. 술에 취해 골목길에서 아정을 쫓아갔던 날, 도준은 집에 돌아와 엄마의 가슴을 만지며 잠이 든다. 엄마와 도준은 서로 마주 보며 잠을 잔다. 도준이 감옥에서 나온 후 두 사람이 잠자는 모습은 예전 같지 않다. 두 사람은 마주 보고 있지 않다. 도준은 등을 돌리고 잔다. 엄마는 아들의 모습을 어둠 속에서 바라본다. 엄마는 두려운 눈빛으로, 의혹의 눈으로 아들을 본다. 엄마가 두려워하는 것은 아들의 기억과 망각이다. 도준은 자신이 저지른 살인은 기억하지 못하지만, 어릴 적 엄마가 동반자살을 위해 자신에게 건넨 박카스는 기억한다. 망각해야 할 것과 기억해야 할 것이 바뀐 것이다. 엄마는 도준을 다 안다고 생각했는데, 전혀 알 수 없는 존재가 되고 말았다. 엄마와 도준은 예전처럼 같이 밥을 먹고 잠을 자겠지만 이전으로 돌아갈 수는 없다.

　도준이 불탄 고물상에서 발견한 침통을 엄마에게 건네는 순간, 엄마는 자신의 살인을 더 이상 비밀로 묻어둘 수 없게 된다. 도준은 엄마에게 "이런 걸 흘리고 다니면 어떡해"라고 말한다. 침통은 엄마가 살인 현장에 있었다는 증거이다. 침통을 건네는 도준은 엄마의 살인을 알고 있는 걸까? 도준은 엄마가 저지른 살인의 유일한 증인이나 다름없다. 고물상 창살 사이로 바라보는 시선, 멀리 숲속에서 엄마를 지켜보는 관음증적인 시선은 이미지로 표현된 플래시백이다. 이 시선에도 시간의 분화가 있다. 창살 저편의 공간, 숲속 나무들 사이에 보이는 저편의 공간은 과거의 시간이다. 창살 이쪽에서 그리고 나무 사이로 엄마를 바라보는 시선 속에 도준이 있다. 그것은 자신이 살인한 것을 아들이 알고 있으리라 의심하는 엄마의 생각이 만들어 낸 시선이다. 엄마는 지우려, 잊으려, 망각 속에 밀어 넣으려 애를 쓰지만, 그 시선은 늘 자신을 따라다닐 것이다. 폐가에서 관음증적인 시선이 현재였던 과거를 표현한다면 고물상에서 숲으로 이어지는 시선에는 미래의 현재가 담겨 있다. 엄마는 늘 도준의 시선을 두려워할 것이다. 〈마더〉의 시선은 이처럼 복잡한 시간의 미로를 보여준다. 엄마는 다시 시간의 미궁 속에 갇혔다. 과거와 미래가 모두 막혀버린 현재를 살아가는 엄마는 어떻게 해야 하나?

5. 기억과 망각

〈마더〉의 에필로그는 오프닝 시퀀스에 대한 의문을 풀어준다. 이 영화의 첫 장면과 에필로그는 관객을 영화로 끌어들이는 장치이다. 같지만 다른 두 장면의 의미를 해석하는 주체는 관객이다. 〈마더〉의 오프닝 시퀀스는 강렬하다. 중년의 여자가 들판에서 춤을 춘다. 춤출 때의 표정이 이상하다. 봉준호 감독은 "이상한 고통이 느껴지기도 하고 유체 이탈된 사람 같기도 하고 어쩌면 그것 자체가 광기인 것 같기도 하다"고 표현한다. 엄마는 슬프고 고통스러운 표정으로 곧 울음이 쏟아질 것 같지만 춤을 춘다. 이어 제목이 등장하고 엄마는 왼손을 오른편 가슴 쪽 옷 속에 감춘다. 고통스러운 표정으로 들판에서 손을 옷 속에 감춘 채 춤을 추는, 전혀 조화롭지 못한 기이한 장면은 관객의 호기심을 끈다. 엄마는 왜 춤을 추는가? 봉준호 감독은 〈괴물〉의 예를 들면서 프롤로그는 관객의 관심을 끌기 위한 장치라고 설명한다. "그(프롤로그) 두 장면은 뭐랄까, 관객을 버스에 태우는 행위 같은 거죠. 일단 관객을 태우고 나면 그 이후에는 제가 데려가고 싶은 곳을 향해 마음대로 운전하려는 속셈이라고 할까요." 〈마더〉의 오프닝 시퀀스도 관객의 호기심을 끌고 의문을 자아내면서 관객을 영화라는 버스에 올라타게 하는 장치이다.

엄마가 살인을 저지르고 들판에 나왔을 때 관객은 오프닝 시퀀스에서 춤을 추었던 엄마의 모습을 떠올리게 된다. 둥근 벌판에서 같은 옷을 입고 잠에서 깬 듯 주변을 두리번거리는 엄마의 모습을 영화 첫 장면에서 이미 보았기 때문이다. 그러나 처음과 달리 엄마는 춤을 추지 않고 멈춰 서서 피 묻은 손을 바라본다. 이제 관객은 벌판에서의 춤이 엄마의 살인과 연결되어 있다는 것을 안다. 감독은 관객에게 천천히 오프닝 시퀀스의 의문점을 풀어준다. 처음에 본, 그러나 영화의 이야기가 전개되면서 잊고 있었던 엄마가 춤추는 장면을 다시 떠올리며 관객은 하나씩 답을 찾아간다.

춤의 의미가 무엇인지 알게 되는 것은 영화의 마지막 장면에서이다. 도준에게서 침통을 받은 엄마는 금방이라도 울 것 같은 표정으로 관광버스에 오른다. 자신의 허벅지에 나쁜 기억을 잊게 해주는 침을 놓고 버스의 좁은 통로에서 사람들과 춤을 춘다. 춤은 침과 같은 것이다. 흔들리는 버스 안에서 여러 사람과 서로 엉켜 춤을 추는 엄마의 얼굴은 역광으로 촬영하여 볼 수 없다. 그러나 우리는 엄마의 표정을 알고 있다. 영화의 처음 들판에서 춤을 추던 엄마의 얼굴, 슬프고도 고통스러운 얼굴을 이미 보았기 때문이다. 춤은 엄마의 처절한 몸부림이다. 춤은 맹목적인 모성이 만들어낸 처절하고 슬픈 이야기를 담고 있다. 〈마더〉는 '과거가 된 지나간 현재'를 재현하며, 떠오르는 기억과 망각 속으로 집어넣으려는 끔찍한 기억을 보여준다. 우리가 본 영화는 흔들리는 버스 안에서 미친 듯이 몸을 흔드는 엄마의 기억이다.

〈마더〉는 정교한 시간의 배치를 통해 관객을 통제한다. 영화의 처음과 끝을 연결하고 장면의 반복과 차이를 통해 관객의 기억을 지우고 다시 꺼낸다. 영화를 본다는 것은 앞에서 본, 그러나 곧 잊게 되는 것들을 다시 기억해내 미로와 같은 공간을 헤쳐나오는 것이 아닐까? 영화는 미궁 같은 것이다. 봉준호 감독은 〈마더〉에서 망각과 기억의 장치를 통해 영화를 보는 관객의 정신을 조정하고 통제하며 관객과의 놀이를 즐긴다.

6. 기다림, 변화, 사유

아녜스 바르다 • 〈5시에서 7시까지의 클레오〉

1. 죽음과 삶

인간이 자신의 삶과 존재를 가장 진지하고 엄숙하게 바라볼 때
는 죽음의 문제에 직면했을 때이다. 삶의 이면에 죽음이 있다. 그
러나 살아가는 동안 우리는 죽음을 잊고 지낼 때가 많다. 죽음 앞
에서 인간은 얼마나 이성적일 수 있을까? 죽음 앞에서 존재와 삶
의 문제를 얼마나 객관적으로 생각할 수 있을까? 아녜스 바르다
Agnès Varda의 〈5시에서 7시까지의 클레오Cléo de 5 à 7〉(1962, 이하
〈클레오〉로 약칭)에는 이런 질문이 담겨 있다. 이 영화는 젊고 아
름다운 가수 클레오가 암 진단 결과를 기다리는 동안 경험하는
내면의 변화, 세상과 삶을 바라보는 시선의 변화를 보여준다.

〈클레오〉는 바르다의 두 번째 장편 영화로 여성 감독의 섬세한

연출이 돋보이는 작품이다. 바르다의 영화에는 사진작가로 활동하던 젊은 시절의 경험이 녹아있다. 현실의 순간을 포착하여 객관성과 사실성을 강조하는 사진의 본질이 담겨 있다. '기록 영화'와 '허구 영화'의 혼합, '주관성'과 '객관성'의 공존은 바르다 영화의 특징이다.

〈클레오〉도 예외는 아니다. 이 영화는 다큐멘터리와 같은 형식을 취하면서 허구를 이야기한다. 클레오를 객관적으로 보여주면서 인물의 주관적인 감정을 섬세하게 연출한다. 카메라가 클레오를 추적하는 두 시간 동안 관객은 관찰자로 머물지만, 동시에 그녀의 내면을 느끼고 그녀의 감정에 공감한다. 이 영화에는 '감각과 성찰'이 담겨 있다. 영화는 죽음에 대한 두려움에서 점차 벗어나는 클레오의 변화를 관객이 감각적으로 느낄 수 있게 하며, 동시에 삶과 죽음의 문제를 객관적으로 성찰할 수 있게 한다.

〈클레오〉는 점쟁이가 타로점을 치는 영화의 첫 부분만 컬러로 되어 있고, 나머지는 모두 흑백이다. 더 정확하게 말하자면, 타로 카드의 모습만 컬러로 표현된다. 점쟁이가 카드를 놓으며 예언을 할 때, 카메라는 부감 쇼트의 클로즈업으로 카드를 보여준다. 카드는 클레오의 삶을 요약하고 또 예견한다. 왜냐하면, 클레오가 점을 치고 난 후, 흑백으로 보여주는 클레오의 이야기는 점쟁이가 카드의 점괘를 읽으며 말한 내용—클레오의 직업, 주변 사람들과 앞으로 만나게 될 사람들—과 일치하기 때문이다. 그러나 카드는 사진처럼 실재하는 것을 보여주는 이미지가 아니라 허구의 이미지이다. 바르다는 카드가 지닌 상징적이며 허구적인 성격 때문에 영화에서 이 장면만 컬러로 보여주었다고 설명한다. 이 영화에서 흑백과 컬러의 사용은 삶 그 자체와, 삶을 재현하고 있는 허구의 것을 구분하려는 감독의 의도가 담겨 있다. 흑백과 컬러의 사용은 결국 현실과 허구, 그리고 실제와 재현의 문제와 연결된다. '바르다적 이미지'라고 말하는 주관적인 객관성은 영화에서 어떻게 표현되는가? 바르다는 죽음을 받아들이는 클레오의 변화를 어떻게 표현하는가? 클레오가 죽음을 앞에 두고 깨달은 삶에 대한 성찰은 무엇인가?

2. 기다림의 시간

죽음을 앞둔 사람에게 가장 중요한 것은 무엇일까? 시간. 죽음은 한없이 지속할 것 같은 시간이 일순간에 멈춘다는 의미이다. 죽음을 주제로 다루는 〈클레오〉가 시간에 주목하는 것은 당연하다. 이 영화는 시간을 보여주고 시간을 듣게 한다. 13장으로 구성된 영화는 '1장 클레오, 17시 5분에서 17시 8분까지'와 같은 식으로 각 장에 자막으로 제목과 시간을 표시한다. 이러한 시간의 표기는 흘러가는 그러나 보이지 않는 시간을 마치 서류의 기록처럼 객관적으로 표현한다.

시간의 흐름을 알려주는 다른 장치도 있다. 시계를 보여주는 방식이다. 8장에서 클레오가 몽파르나스 묘지 근처에서 장례 행렬을 마주칠 때 롱쇼트로 포착된 클레오의 모습 뒤로 시계탑이 보인다. 돔 카페를 나와 거리를 걷는 클레오는 가정부 앙젤, 애인 조제, 작곡가 밥의 얼굴과 카페와 거리에서 만난 여러 사람의 얼굴을 차례로 떠올린다. 정지된 얼굴 클로즈업 쇼트들 사이에 탁상시계도 클로즈업 쇼트로 표현된다.

시간을 소리로 알려주기도 한다. 클레오가 집으로 돌아와 철봉에 매달려 몸을 푸는 운동을 할 때, 타이머 장치는 째깍거리며 시간을 알려준다. 모자가게에서 나와 집으로 가는 택시 안에서 라디오는 '5시 20분' 뉴스를 들려준다. 이 뉴스는 현실의 라디오 소리, 1961년 6월 21일 5시 20분에 방송된 실제 라디오 뉴스이다. 라디오 소리가 알려주는 실제 시간은 영화 이야기 속의 시간과 정확하게 일치한다.

〈클레오〉에서 시간의 연출이 돋보이는 것은 현실의 시간, 실제 시간을 영화 속의 시간인 허구의 시간과 연결했다는 점이다. 허구의 시간은 영화를 촬영하던 당시의 실제 시간과 동일하다. 거리의 버스들은 실제로 그 시간에 그 장소를 지나갔고 모자가게에서 집까지, 라울의 극장 앞에서 몽수리 공원까지 클레오가 탄 택시는 실제 시간과 똑같이 이동한다. 클레오가 돔 카페로 들어가는 장면에서 카메라는 익스트림 롱쇼트로 길을 건너는 클레오를 포착한다. 클레오의 오른편에는 영화 이야기 속의 시간, 5시 50분을 알려주는 시계탑이 보인다.

이처럼 영화는 곳곳에서 관객에게 실제 시간을 알려준다. '당신이 보고 있는 이 영화의 시간은 현실의 시간처럼 이렇게 흐르고 있어요.' 〈클레오〉에서 현실의 시간, 즉 객관적인 시간은 허구의 시간과 포개진다. 실제는 허구를 만든다. 이 영화는 허구의 이야기지만, 허구가 아닌 실제의 이야기이기도 하다. 죽음이라는 문제 앞에 선 클레오의 이야기는 우리 모두의 이야기이기도 하니까.

이 영화에는 특별한 줄거리가 없다. 극적인 이야기 대신 일상의 시간이 마치 다큐멘터리 영화처럼 전개된다. 영화는 클레오가 타로점을 보는 장면으로 시작된다. 영화의 마지막에 클레오는 병원에서 암 진단 결과를 듣는다. 90분간 지속되는 〈클레오〉의 이야기는 카드 점쟁이의 '예언'과 의사의 '진단' 사이의 시간, '기다림'과 '유예'의 시간이다. 이 영화에서 유일한 극적인 사건은 영화의 마지막에 클레오가 암 선고를 받는 것이다. 〈클레오〉는 마지막이 장면을 위해 이야기를 전개한다. 바르다는 이렇게 말한다. "나는 이야기하는 것을 좋아하지 않는다. 그러나 이야기의 중요한 순간들 사이에서 일어나는 것을 말하고 싶다…. 아무것도 기대하지 않는 시간, 그러나 다른 시간보다 가장 감동적인 순간에 접근하고자 한다."

클레오가 보낸 1시간 30분은 '기다림의 시간'이다. 블랑쇼는 이렇게 말한다. "오로지 기다림만이 주의하게 만든다. 어떠한 계획도 있을 수 없는 비어 있는 시간은, 주의를 기울이게 하는 기다림의 시간이다." '기다림의 시간', '유예된 시간' 동안 클레오는 죽음의 공포를 받아들인다. 영화의 처음, 타로 카드는 클레오의 죽음을 예언한다. 점집을 나온 클레오는 카페에서 "죽음이 무섭다"고 말하며 눈물을 흘린다. 영화의 마지막, 클레오는 암 진단을 받았지만 "이제 죽음이 두렵지 않다"고 말한다. 〈클레오〉의 시간은 이러한 두 진술 사이의 시간, 삶과 죽음을 다르게 바라보는 두 클레오 사이의 시간, '변화'의 시간이다.

기다림의 시간, 비어 있는 시간은 클레오에게 사유의 시간이다. 이 시간 동안 클레오는 자신의 삶에 대해 거리를 두고 생각한다. 클레오는 자신을 중심으로 생각하던 세계에서 바깥으로 나간다. 기다림의 시간은 클레오가 세상에 대해 '타자'가 될 수 있는 시간이다. '예언'과 '진단' 사이의 기다림의 시간 동안 클레오에게 어떤 변화가 생기는가?

클레오가 기다림의 시간을 채우는 것은 '방랑'과 '이동'이다. 들뢰즈는 '산책, 방랑, 지속적인 왕복'은 현대 영화의 특징 중 하나라고 설명한다. 이러한 방랑은 특정한 시·공간 속에서 일어나는 행동과는 다르게 불특정한 공간, 목적 없는 움직임을 표현한다. 특정하지 않은 공간의 이동과 산책은 또한 시간의 흐름을 보여준다. 시간은 변화하지만, 시간 그 자체는 변화의 모습을 보여줄 수 없다. 비가시적인 시간의 변화를 보여주는 하나의 방법은 일상의 공간에서 인물들을 이동하게 만드는 것이다. 〈클레오〉의 공간 이동은 시간의 흐름을 보여주는 또 다른 장치이다.

이 영화는 공간의 차원에서도 1961년 파리의 사실적인 모습을 담고 있다. 클레오의 방랑과 산책은 파리의 일상적이고 상투적인 공간의 모습을 보여준다. 클레오는 카드 점집이 있는 리볼리 거리 rue de Rivoli에서 퐁 네프pont neuf를 지나서 생 제르망 거리boulevard Saint-Germain로, 그리고 이어서 몽파르나스Montparnasse에서 몽수리 Montsouris 공원으로, 마지막으로 살페트리에르 병원hôpital de la

Salpêtrière까지 파리의 중요한 공간을 이동한다. 바르다는 이 영화를 만들면서, "처음에는 파리를 횡단하고 싶었다"고 말한다. 클레오의 산책은 파리의 일부인 동남쪽에 그치고 말았지만, 이 공간은 파리의 일상을 잘 보여줄 수 있는 장소이다. 클레오의 산책은 '파리'라는 도시에서, '5시에서 7시' 사이에 일어나는 실제의 모습, 일상의 모습, 들뢰즈의 표현을 빌리자면 '시각적, 음향적 상투성의 목록'을 만들어낸다. 카페, 거리의 소음, 자동차, 상점, 장의사, 장례 행렬, 기이한 행동으로 사람들을 모으는 거리의 흥행사…. 이러한 일상의 모습은 죽음을 걱정하기 전까지는 클레오의 삶에 속하지 않았다.

늘 존재했지만 클레오가 이전에는 지각하지 못한 일상의 모습을 카메라라는 클레오의 시선으로 포착하면서 그녀의 의식이 변화하는 과정을 보여준다. 클레오는 리볼리 거리의 장의사 앞을 지나고, 몽파르나스 묘지로 가는 장례 행렬을 만난다. '건강을 위하여 A votre santé'라는 간판이 붙은 상점 앞을 지나, 보나파르트 거리rue Bonaparte에서는 죽음을 연상시키는 아프리카 가면이 전시된 상점 앞을 걷는다. 그리고 돔Dôme 카페 앞에서 자살을 목격한다. 죽음은 이처럼 일상 곳곳에 늘 존재한다. 그러나 이전의 클레오는 죽음의 흔적과 상징을 주의 깊게 보려 하지 않았다. 죽음에 대한 클레오의 공포는 죽음의 상징을 그녀의 삶 속에 들어오게 한다.

클레오가 우연히 마주치는 이러한 장면들은 모두 현실에 있는 것들, 1961년 파리의 실제 모습이다. 바르다는 실재하는 일상의 것들로 클레오의 내면을 표현한다. 〈클레오〉는 클레오의 내면을 분석하고 묘사하는 대신 그녀가 바라보는 것, 그녀 주변의 것들을 통해 클레오의 변화를 보여준다. 클레오가 거리에서 만나는 익명의 상투성, 실제 시간과 공간의 표현은 무엇보다도 영화에 사실성을 부여한다. 또한 이러한 장치들은 죽음을 앞둔 클레오의 내면을 반영하고 허구의 이야기를 만든다. 클레오의 외부에 있는 것들, 도시를 떠도는 익명의 상투적인 이미지들, 실재하는 것들이 허구의 인물인 클레오에게 배어들어 그녀의 내면세계를 이룬다. '사실'은 '허구'가 되고, 허구와 일상의 것들 사이의 경계는 사라진다. 클레오의 이야기가 관객에게 설득력 있게 전달되는 이유이다.

3. 흰색과 검은색

시간은 변화를 만든다. 클레오에게 '예언'과 '진단' 사이의 두 시간은 변화의 시간이다. 영화는 어떻게 클레오의 변화를 알리는가? '흰색'과 '검은색'의 연출을 통해, 기다림의 시간 속에서 변화하는 클레오를 표현한다. 색의 변화는 클레오의 내면을 상징한다. 〈클레오〉는 크게 두 부분으로 나뉜다. 1부에서 클레오는 죽음에 대한 두려움을 애써 외면하며 일상의 시간을 보낸다. 그러나 2부에서 클레오는 혼자 거리로 나와 죽음을 진지하게 생각하기 시작한다. 흰색은 1부를 지배하는 색, 클레오에게 죽음을 잊게 해주는 색이다. 그녀 집의 내부, 벽 · 천장 · 바닥은 모두 흰색으로 되어 있다. 카드 점집을 다녀온 후, 집으로 돌아와 흰색 옷을 걸친 클레오는 두려움을 잠시 잊은 채 일상으로 돌아간다. 흰색은 행복과 안정을 의미한다. 그러나 그것은 또한 허위와 거짓을 뜻한다. 클레오의 애인인 조제가 방문했을 때, 클레오를 감싸는 흰색은 절정에 이른다. 흰색의 침대 시트 위에서 조제와 이야기를 나누는 클레오는 사랑의 달콤함과 행복에 가득 찬 모습이다. 그러나 그녀는 조제와의 사랑이 진실인지 의문을 갖기 시작한다. 조제는 클레오가 아프다는 사실을 알고 싶어 하지 않는다. 클레오 역시 암 진단을 기다리고 있다는 것을 말하지 못한다. "남자는 아픈 여자를 좋아하지 않는다"는 가정부 앙젤의 말처럼, 클레오는 조제에게 자신의 진실을 이야기하지 못하고 여전히 행복한 척한다.

낭만과 달콤함의 흰색에는 진실을 감추는 거짓도 포함된다. 새로운 노래를 연습하기 위해 방문한 작곡가 밥과 작사가 마우리스의 익살과 농담, 장난이 오가는 공간도 흰색의 영역에 속한다. 흰색의 공간에서 클레오는 가수이자, 사랑에 빠진 여인이다. 그러나 흰색이 지배적인 이 삶은 허위의 것이다. 그녀는 한번도 벌거벗은 존재, 가식 없는 존재가 된 적이 없다. 바르다는 이렇게 말한다. "클레오는 있는 그대로의 존재가 아니다. 그녀는 병풍 같은 것들로 둘러싸인 존재, 미신, 치장, 지나친 여성성으로 가득 찬 존재이다." 흰색은 죽음을 외면하고 거짓된 위로와 사랑, 허위의 즐거움에 안주하려는 클레오를 상징한다.

반대로 검은색은 죽음, 상처, 추함을 나타낸다. 그렇지만 검은색은 진실과 현실을 의미한다. 클레오가 죽음에 맞서게 되는 2부는 검은색의 영역이다. 화요일에는 새것을 걸치면 안 된다는 미신을 믿는 앙젤의 만류에도 불구하고 클레오는 새로 산 검은 모자를 쓰고, 검은색 옷을 입고 집을 나선다. 거리에서 클레오는 자기 몸에 고통을 가하는 사람들, 죽음이 가까운 노인들을 만나고 자살도 목격한다. 이것은 삶의 한 면, 그동안 클레오가 외면하고 보지 않으려 한 일상의 한 면, '삶의 진실'이다.

〈클레오〉에서 흰색과 검은색이 대립만을 의미하는 것은 아니다. 삶과 죽음, 위선과 진실의 대립이나 갈등보다는 선택, 정신의 선택을 강조한다. 흰색에서 검은색으로 바뀌는 것은 선택과 변화의 과정을 표현한다. 밥이 작곡한 새 노래, '당신 없이Sans toi'를 클레오가 부를 때, 이러한 변화가 시작된다.

죽음을 상징하는 이 노래를 클레오가 부르자 카메라는 천천히 트래킹 쇼트로 원을 그리며 그녀 주위를 맴돈다. 카메라의 움직임으로 인해 노래하는 클레오의 배경이 흰색 벽에서 검은색 커튼으로 바뀐다. 카메라는 움직이면서 클레오의 얼굴로 점차 다가가, 클로즈업 쇼트를 만든다. 이 장면은 근접 쇼트로 촬영하여 주변의 다른 것들은 보이지 않고 검은색을 배경으로 노래를 부르는 클레오의 얼굴만 화면 가득 채운다. 바로 이 순간, 악보를 보며 노래하던 클레오는 고개를 들고 정면을 바라본다. 그런데 이 장면은 비현실적이다. 클레오가 노래를 부르기 전부터 관객은 그녀가 악보를 잘 읽지 못하고, 게다가 이 노래를 처음 부른다는 사실을 이미 알기 때문이다. 클레오는 악보를 보지도 않은 채, 마치 오래전부터 이 노래를 알고 있는 것처럼 카메라를 정면으로 바라보며 노래한다. 이 장면에는 클레오가 노래를 부른다는 객관적인 사실과 죽음에 대해 두려움을 느끼는 주관적인 감정이 섞여 있다. 이 장면에는 '현실적인 것'과 '비현실적인 것', '객관적인 것'과 '주관적인 것', '사실'과 '허구'라는 두 세계가 중첩되어 있다.

영화를 지배하는 힘이 흰색에서 검은색으로 바뀌는 것은 바로 클레오의 선택이 이루어지는 순간, 변화의 순간이다. 클레오는 노래를 멈추고 쓰고 있던 가발을 벗어 던진다. 그리고 집을 나선다. 가발은 허위와 가식을 상징하며 흰색의 세계에 속한 것이다. 클레오가 가발을 벗는다는 것은 이전의 자신을 버리는 일이다.

클레오는 죽음의 문제를 회피할 수 없다. 인간은 누구나 죽는다. 죽음의 순간, 인간은 누구나 혼자가 된다. 검은색을 배경으로 노래하는 클레오는 마치 죽음과도 같은 캄캄한 어둠 속에 혼자 있는 존재와 같다. 흰색에서 검은색으로 클레오 주위의 색이 바뀌는 순간은 익숙한 세계로부터 자신을 스스로 격리하는 순간, 세계 속에 내던져진 고독을 받아들이는 순간, 세계로부터 거리를 두고 세계에서 타자가 되고자 클레오가 선택한 순간이다. 변화와 생성의 한순간이다.

4. 거울과 얼굴

클레오는 변했지만, 그녀는 또한 그대로이다. 그녀는 몸속에 암이 있어도 여전히 젊고 아름답다. 변한 것은 클레오의 몸이 아니라 그녀의 생각이다. 그녀를 둘러싼 세상은 여전히 그대로이지만 클레오는 세상을 다르게 본다. 변한 것은 세계를 바라보는 그녀의 시선이다. 거울, 더 정확하게 말하자면 '거울의 시각적인 조건'은 1부의 클레오를 표현한다. 거울은 죽음을 외면하는 클레오의 시선을 의미한다. 클레오가 노래 '그대 없이'를 부른 후 집을 나서기까지, 즉 두려운 고독을 스스로 선택하기 전까지 그녀의 옆에는 도처에 거울이 있다.

카드 점쟁이의 불길한 예언을 들은 클레오는 두려운 마음으로 점집을 나오다 현관 거울에 비친 자신을 본다. 현관 양옆에 걸려 있는 두 개의 거울은 서로 마주하며 클레오의 모습을 앞, 뒤에서 무한히 반사한다. 거울에 비친 아름다운 자신의 모습을 본 클레오는 죽음의 공포를 잊는다. 그러나 거울 속 이미지는 반사상일 뿐이다. 거울의 이미지가 실재와 똑같아 보인다 해도 간접적인 것, 허상일 뿐이다. 클레오가 바라보는 세상 역시 거울에 비친 이미지다. 그러나 죽음은 거울을 통해 바라볼 수 있는 것이 아니다.

카드 점집을 나온 후 들어간 카페도 사방이 거울로 되어 있다. 그녀의 뒤에도, 옆에도 커다란 거울이 있다. 카페에서 앙젤은 그녀를 위로하지만, 클레오는 죽음의 공포로 괴로워한다. 그녀는 눈물을 흘리며 두려워하지만, 세상은 여전히 그대로다. 거울은 사방에서 사람들을 반사한다. 카페 안의 사람들은 서로 떠들고 웃고 싸운다. 클레오에게 이 모습은 거울에 반사되어 나타난다.

반사상을 통해 세계를 바라보는 클레오의 시선은 모자가게에서도 잘 표현된다. 이곳 역시 사방이 거울로 되어 있다. 클레오는 여러 모자를 써보며, 거울 속에 비친 자신의 아름다움에 만족한다. 거울과 상점의 진열장은 클레오뿐 아니라 거리의 여러 모습도 반사한다. 클레오가 모자를 고를 때 카메라는 유리창을 통해 그녀의 모습을 보여준다. 클레오와 유리창에 반사된 거리의 모습이 동시에 전달된다. 유리창으로 반사된 세계, 거울 속에 반사된 거리의 모습과 사람들. 클레오에게 세상은 거울 속의 타자와 같다. 세상 사람들에게 클레오 역시 거울의 반사상으로만 존재한다. 거울은 존재가 아닌 분신만을 구현할 뿐이다. 거울을 통해 반사된 세계는 허위와 가식의 클레오, 진실을 거부하고 죽음의 문제를 외면하는 클레오를 의미한다.

클레오가 죽음의 두려움을 극복하는 방법은 거울의 반사상에서 벗어나 세상 속에서 사람들의 '얼굴'을 바라보는 것이다. 가발을 벗고 혼자 거리로 나선 클레오는 이전에는 외면했던, 혹은 주의 깊게 보지 않았던 것들을 세밀하게 관찰한다. 그녀는 거리에서 피와 죽음을 목격하고 늙고 추한 사람들을 만난다. 지나가는 사람들의 눈길을 끌기 위해 개구리를 삼키는 장사꾼, 자신의 몸을 쇠꼬챙이로 찌르는 사람, 이들은 클레오에게 몸에 대해 생각하게 한다. 인간의 몸은 삶과 죽음이라는 추상적인 개념을 가시화하는 곳이다. 신체를 학대하는 사람들은 클레오에게 죽음을 연상시킨다. 반면 누드모델을 하는 친구 도로테의 몸은 예술 작품을 탄생시키는 몸, 아름다움을 상징한다. 타인의 육체는 클레오에게 삶과 죽음을 사유하게 한다. 클레오는 기괴하고 추한 몸과 아름다운 몸을 보며 죽음과 삶이 모두 인간의 것임을, 인간의 몸에는 삶과 죽음이 공존하는 것임을 깨닫게 된다.

카메라는 클레오를 따라 분주히 움직인다. 거울의 반사상으로 일상이 표현되는 1부에서 클레오의 모습은 자주 정지된 화면 속에서 포착된다. 움직임이 있다 해도 느리고 편집도 부드럽다. 2부에서 카메라는 빠르고 거칠게 움직인다. 핸드헬드 촬영과 짧은 편집의 클로즈업 쇼트로 사람들의 얼굴을 보여준다. 카페 안에서도, 거리에서도 카메라는 쉬지 않고 사람들의 모습을 담는다. 카메라의 움직임은 사람들을 탐색하는 클레오의 시선이다. 클레오는 무엇을 찾고 있는 걸까? 그녀는 존재를, 삶을 질문하기 위해 타인에 대해 질문한다. 사람들, 익명의 타인들은 미소도 대화도 없이 지나가며 클레오를 바라본다. 도시의 구석구석을 탐색하는 클레오의 시선은 다른 시선들과 만난다. 클레오는 길을 걸으며 여러 얼굴을 바라보고, 여러 얼굴을 떠올린다. 앙젤, 조제, 밥, 타로 점치는 여자, 카페에서 본 노인…. 클로즈업으로 포착된 이들의 얼굴은 마치 스틸 사진처럼 정지된 화면으로 한 명씩 등장한다.

얼굴은 흘러가는 시간을 담고 있다. 자크 오몽Jacques Aumont은 이렇게 말한다. "얼굴은 자신이 죽음을 피할 수 없다는 것을 알고 있는 어느 주체의 외양이다." 인간에게 시간이란 궁극적으로 죽음을 향해 가는 것이다. 모든 인간은 죽음을 피할 수 없다. 클레오가 타인을 관찰하는 것, 타인의 얼굴을 거리를 두고 바라본다는 것은 죽음과 삶에 대해 사유한다는 의미이다. 이전의 클레오는 자신과 타인의 모습을 거울에 비친 반사상을 통해 보았다. 가발을 벗고 거리에 나온 클레오는 타인을 통해 자신을 본다. 또한 자기 스스로 타자가 되어 세상을 바라본다. 클레오는 타인의 시선을 통해 자신을 바라보는 법, 자신을 객관화하는 법을 알게 된다. 클레오는 사람들의 얼굴에서 시간의 흔적을 발견하고 죽음이 자신에게만 닥친 문제가 아님을 알게 된다. 그리고 죽음의 반대편에는 삶이 있다는 것도 이해하게 된다.

도로테의 남자친구가 보여준 단편영화는 상징적이다. 장 뤽 고다르Jean-Luc Godard와 고다르의 부인인 안나 카리나Anna Karina가 출연한 영화 속 영화이다. 검은 선글라스를 쓰고 세상을 바라보면 세상이 어둡고 우울해 보이지만 선글라스를 벗으면 환하고 행복한 모습의 세상과 만난다는 주제의 코믹 영화이다. 이 영화 속 영화는 삶과 죽음 역시 어떤 관점으로 생각하는가에 달려 있다는 것을 알려준다. 죽음만을 생각하며 두려움과 고통 속에서 남아 있는 날들을 보낼 것인지, 죽음이 바로 앞에 있다 해도 살아 있는 시간을 행복하게 보낼 것인지.

클레오는 거리에서 사람들을 바라보면서 불편하고 낯선 상태를 경험한다. 낯선 상태를 경험하는 것은 존재를 비우고 스스로 타자가 되어, 타인을 받아들인다는 증거이다. 그리고 그것은 내 존재가 타인 속으로 들어가는 한 방식이다. 공원에서 만난 군인 앙투안은 클레오가 어떻게 타인을 받아들이고 타인을 통해 자기 삶을 성찰하고 죽음의 공포를 극복할 수 있는가를 잘 알려준다. 타인과 함께 하는 삶, 타인과의 연대는 바르다가 제시한 삶의 해법이다. 앙투안은 몇 시간 후면 치열한 전투가 벌어지는 알제리로 가야 하는 군인이다. 클레오와 앙투안은 모두 죽음이라는 실존적 상황에 놓여 있다. 인간에게 죽음만큼 실존적인 상황이 있을까?

클레오는 곧 전쟁터로 떠나야 하는 앙투완에게 동질감을 느낀다. 앙투안은 죽음의 공포를 이야기하기보다 삶의 즐거움을 이야기한다. 바르다는 클레오가 앙투안을 만나 서로를 공감하고 죽음 앞에서 연대의식을 갖게 되는 과정을 탁월하게 연출한다. 클레오가 거리에서 사람들의 얼굴을 바라보는 장면은 대부분 쇼트-역쇼트의 편집으로 되어 있다. 바라보는 사람과 대상은 한 프레임에 들어가지 않는다. 앙투안의 경우는 다르다. 클레오와 앙투안을 한 프레임 안에서 포착한 카메라는 이내 마주 보는 두 사람의 모습을 프레임에 담는다. 마주 본다는 것은, 서로의 얼굴을 정면으로 바라보는 것, 타인을 받아들이고 내 존재가 타인 속으로 들어가는 것이다. 카메라는 버스 안에서 대화를 나누는 두 사람의 모습을, 마주 본 두 사람의 모습을 미디엄 클로즈업에서 클로즈업으로 점점 더 가까이에서 포착한다. 바르다는 두 사람이 어떻게 서로를 이해하고 정서를 공유하는가를 촬영과 편집을 통해 훌륭하게 전달한다. 마주 본 두 사람의 모습은 연대감을 표현한다. 타인을 이해하고 받아들이는 것은 '삶'을 이해하는 것이다. 삶을 이해하는 것은 곧 죽음을 이해하는 것이다.

5. 비관과 낙관 사이에서

클레오는 타로 점쟁이의 예언대로 곧 죽을 것인가? 아니면 의사의 말대로 치료를 받으면 낫게 될까? '비관적인 예언'과 '낙관적인 진단' 사이에서 영화는 모호하게 끝난다. 〈5시에서 7시까지의 클레오〉는 죽음 앞에 놓인 인물의 내면 변화를 보여주는 영화이다. 감독은 클레오가 죽음의 공포에서 점차 벗어나는 과정을 서서히 보여준다. 클레오의 운명이 비극적인지 아닌지는 중요하지 않다. 중요한 것은 클레오가 자신의 운명을 어떻게 받아들이는가, 죽음을 어떻게 바라보는가이다.

영화의 마지막에 의사는 클레오에게 암에 걸렸지만 치료하면 나을 거라고 말하며 차를 타고 떠난다. 이 장면에서 카메라는 사라지는 의사의 시선으로 클레오와 앙투안을 보여준다. 자동차의 움직임으로 빠르게 두 사람에게서 멀어져가는 의사의 시점으로 표현된 이 쇼트는 두 사람을 관객의 시야에서 돌연히 멀어지게 한다. 뒤로 물러나는 빠른 카메라의 움직임은 마치 두 사람을 관객이 있는 세계에서 다른 공간 속으로 떼어 놓는 것처럼, 혹은 죽음을 앞에 둔 두 사람이 세상 속에 던져지는 것처럼 표현한다. 클레오와 앙투안은 '세상에 던져진 존재', 인간의 실존적인 조건을 표현한다.

〈5시에서 7시까지의 클레오〉는 서로를 바라보는 클레오와 앙투안의 모습으로 끝난다. 앙투완은 암 선고를 받은 클레오 옆에서 눈물을 보이며 "당신과 함께 있고 싶다"고 말한다. 클레오는 앙투완에게 "이젠 겁나지 않아요, 행복한 것 같아요."라고 말한다. 천천히 카메라 앞으로 걸어오는 두 사람의 얼굴이 한 프레임 안에서 클로즈업된다. 두 사람은 관객인 우리를 향해, 우리와 마주 보기 위해 앞을 보며 다가온다. 클레오와 앙투안은 관객과 함께하기를 원한다. 관객을 향해오던 두 사람은 서로를 마주 본다. 그리고 영화는 끝난다. 클레오와 앙투완이 관객과 마주 보는 것, 그리고 서로 마주 보는 것. 영화의 마지막 장면은 바르다가 전하고 싶은 주제를 잘 함축한다.

클레오의 변화는 죽음이 나에게만 일어나는 일이 아님을 알았기 때문이다. 나의 죽음을 이해하는 타인의 존재가 클레오에게 위안과 평온을 주었다. 클레오는 죽음과 화해한다. 죽음의 두려움 때문에 그녀는 삶을 사유할 수 있었고 죽음이 삶 자체라는 것을 깨닫는다. 클레오가 행복하다고 느끼는 것은 삶과 죽음의 화해가 만들어낸 충만함 때문이다. 그것은 죽음이 나에게만 일어나는 것이 아니라는 성찰과 나의 죽음을 공감하는 타인과의 연대에서 나온다. 바르다는 관객에게 자신의 판단을 강요하지 않는다. 클레오의 운명을, 그리고 우리의 삶을 비관적으로 바라볼지 혹은 낙관적으로 바라볼지는 관객 각자의 선택에 달려 있다.

7. 고독, 삶의 불확실성

로베르 브레송 • 〈소매치기〉

1. 브레송의 새로운 영화

로베르 브레송Robert Bresson 영화의 주인공들은 고독하다. 브레송의 인물들은 고립된 공간 속에서 실존적인 고독과 싸운다. 삶의 불확실성은 인간을 공허하게 만든다. 브레송의 주인공들은 자기 운명의 절대적인 주인이 아니다. 그렇지만 이들은 고독과 공허에서 벗어나기 위해 자신이 선택한 일에 열정을 다 바친다. 그것이 종교적 은총을 갈구하는 구도적인 행위나 자기희생이든 혹은 도둑질이나 살인과 같은 부도덕한 행위이든.

1959년에 발표된 〈소매치기Pickpoket〉 역시 삶의 불확실성과 선택의 불가능성을 이야기한다. 〈소매치기〉의 원래 제목은 〈불확실성〉이었다. 브레송의 이전 영화에서 주인공은 종교적이고 희생적인 인물이었지만 〈소매치기〉의 주인공은 비도덕적인 인물이다. 이 영화는 도스토옙스키의 『죄와 벌』에 토대를 두고 있다. 가난하지만 지적인 미셸은 세속적인 지혜와 윤리로는 자신의 삶에 만족할 수 없어 소매치기를 통해 남들과 다른 존재임을 확인하려 한다. 그는 소매치기라는 행위가 자신을 고귀한 상태에 이르게 할 방법이라 여긴다.

이 영화가 개봉되었을 때 평은 둘로 갈렸다. 브레송의 이전 영화들이 보여주었던 고귀한 인물의 모습에 익숙한 관객들은 소매치기를 주인공으로 한 이 영화를 받아들이기 어려웠다. 다른 한편에서는 영화의 내용보다는 영화가 표현하는 새로운 형식에 열광하는 관객들이 있었다. 루이 말Louis Malle은 "〈소매치기〉는 브레송의 첫 번째 영화다. 이전의 영화들은 모두 연습일 뿐이다"라고까지 극찬한다. 브레송 영화에서 〈소매치기〉가 갖는 중요성을 잘 보여주는 평가다.

『카이에 뒤 시네마Cahiers du cinéma』는 1989년 2월호에서 〈소매치기〉 개봉 30주년을 기념하여 여러 젊은 감독들과 함께 이 영화에 대한 대담을 열었다. 이들 역시 〈소매치기〉를 가장 브레송적인 영화라고 평한다. 브누아 자코Benoît Jacquot는 이렇게 말한다. "〈소매치기〉는 다른 어떤 영화보다도 우리가 브레송의 이름으로 받아들일 수 있는 모든 것들을 모아 놓았다." 브레송 영화의 모든 것을 모아 놓은 듯한 장면 연출은 급진적이며 새로운 형식을 보여준다.

브레송에게 영화의 형식은 영화의 주제와 분리할 수 없는 결정적인 요소이다. 많은 영화인들은 브레송 영화가 지닌 형식, 주제와 완벽하게 상응하는 형식에 대해 격찬한다. 〈소매치기〉에서 영화의 형식은 이 영화의 주제를 어떻게 전달하고 있나? 브레송은 어떤 형식을 통해 소매치기라는 부도덕한 인물이 보여주는 단순한 이야기 속에 실존적 고독과 운명의 불확실성이라는 주제를 전달하고 있나?

2. 파편화된 공간과 촉각의 세계

고독은 타인과의 소통이 부재할 때 생겨난다. 〈소매치기〉의 주인공 미셸은 거리에서 거리로 이동하고 사람들 사이를 지나다니지만 늘 혼자다. 그는 다른 사람들과 대화를 별로 하지 않는다. 영화는 그의 내면의 소리, 자아의 목소리를 더 많이 들려준다. 미셸은 자신의 내면에 갇힌 존재이다. 그는 자신의 주위에 타인이 들어올 수 있는 공간을 만들지 않는다.

영화 속 공간은 둘로 나눌 수 있다. 가난한 미셸의 초라한 집, 주인공이 머무는 거주의 공간과 그가 이동하고 사람들을 만나는 외부 세계이다. 방 한 칸뿐인 볼품없는 그의 집에는 침대와 책상, 의자 그리고 먼지 쌓인 책들만 있다. 그의 방은 거의 비어 있다. 은둔의 출발점이자 종착지와도 같은 이 방은 아무도 살지 않는 공간처럼 보인다. 방문에는 자물쇠가 없다. 문을 거는 고리가 방 안쪽에만 있다. 그는 방에 있을 때만 문을 잠그고 외출할 때는 방문을 열어 놓는다. 방에 있을 때 미셸은 외부 세계를 차단하지만, 그가 이 공간에 없을 때는 방에 누가 들어와도 상관없다고 생각한다. 미셸에게 방은 안락과 휴식을 주는 곳이라기보다 세계로부터 자신을 격리하는 공간이다.

그는 방에서보다 밖에서 보내는 시간이 많다. 그럼에도 외부 공간을 멀리서 보여주는 롱쇼트나 익스트림 롱쇼트 같은 설정 쇼트가 이 영화에는 거의 등장하지 않는다. 미셸은 거리에서, 지하철에서, 기차역에서 그리고 경마장에서 소매치기를 벌이지만 관객은 그 공간의 전체적인 모습은 볼 수 없다. 카메라는 넓은 공간에 있는 주인공을 빈번히 근접 쇼트로 촬영한다. 미디엄 쇼트나 클로즈업 쇼트로 포착한 주인공의 모습은 경마장이나 차들이 지나다니는 거리 같은 넓은 공간에서도 마치 협소한 장소에 있는 것처럼 답답하게 보인다. 이렇게 가까운 촬영 거리는 사회적이며 공적인 공간에서조차 주인공 미셸이 고립되어 있음을 보여준다. 집에서처럼 밖에서도 미셸은 타인과 소통하지 못하고 여전히 스스로를 고립시킨다.

어느 일요일, 친구인 자크와 쟌느 그리고 미셸은 놀이공원에 간다. 쟌느는 미셸이 실제 세계에 살고 있지 않고 다른 사람들에게도 관심이 없다고 말한다. 미셸은 아무런 대답도 하지 않는다. 이 장면에서 두 사람이 앉아 있는 카페의 유리창에 놀이 기구들이 비친다. 인물들이 놀이공원에 있음을 알 수 있는 것은 유리창에 반사된 이미지를 통해서일 뿐이다. 영화는 이 공간에 대한 다른 어떤 시각적인 정보도 제공하지 않는다. 반사된 이미지는 실제 모습이 아니다. 미셸에게 세상은 유리 저편에 반사된 모습으로만 존재하는 듯하다. 미셸은 현실 속으로 들어가지 못하고 세계 밖에서 고독하게 살아간다.

설정 쇼트가 없기 때문에 관객은 공간의 차이를 쉽게 파악할 수 없다. 미셸은 거리를 걷고 계단을 오르고 사람들이 많은 경마장이나 카페와 기차역, 지하철 안과 같은 만남과 횡단의 공간을 이동하고 있지만 늘 같은 곳에 있는 것만 같다. 그가 집에 가기 위해 올라가는 계단, 어머니 집으로 가는 계단, 경찰서에서 조사를 받고 내려오는 계단은 다른 공간이지만 모두 비슷하다. 관객은 미셸의 방은 볼 수 있지만, 그의 방이 있는 건물은 볼 수 없다. 경찰서 내부는 볼 수 있지만, 건물의 모습은 알 수 없다. 미셸이 다른 사람의 소매치기를 목격한 지하철 안의 모습과 그가 스스로 터득한 방법으로 처음 소매치기를 한 지하철 안의 모습도 별다른 차이가 없다.

관객이 영화의 공간을 구분할 수 있는 것은 소리가 전하는 정보에 의해서다. 〈소매치기〉에서는 이미지를 대신해 소리가 공간에 대한 정보를 전달한다. 영화의 처음과 끝에 등장하는 경마장에서 카메라는 말들이 달리는 모습을 한 번도 보여주지 않는다. 경마장의 방송, 말들이 달리는 소리가 화면 밖의 소음으로 이미지의 층위를 감싼다. 외화면의 사운드가 관객의 눈에는 보이지 않는 전체 공간에 대한 정보를 제공한다.

브레송은 이렇게 말한다. "시각에 필요한 것과 청각에 필요한 것을 쓸데없이 중복해서 사용해서는 안 된다." 프레임 밖의 외화면의 공간에서 들리는 소음은 관객에게 구체적이며 총체적인 더 넓은 공간을 상상적으로 재구성하게 만든다. 이러한 장치는 영화 곳곳에서 사용된다. 주인공이 기차역에서 소매치기를 할 때도 역 전체의 모습이나 기차가 지나가는 모습 등은 보여주지 않는다. 역 에서 들리는 다양한 소음이 단편적인 이미지를 보충하며 관객으 로 하여금 역 전체의 모습을 상상하게 만든다. 미셸이 밀라노행 기차를 타고 파리를 떠날 때의 모습은 이러한 이미지와 사운드의 보충 관계를 잘 보여준다. 미셸이 탄 기차가 서서히 움직일 때 카 메라는 움직이는 기차 모습을 보여주지 않고 더욱 가까이 다가가 클로즈업으로 기차 옆면에 붙어 있는 '파리 – 밀라노'라는 표지판 을 보여준다. 움직이는 기차의 모습은 이미지 밖에서 소리로만 표 현된다.

브레송은 이렇게 말한다. "이미지와 소리가 서로 의지하게 하 면 안 된다. 이미지와 소리는 각각의 역할에 따라 마치 일종의 릴 레이처럼 구사되어야 한다." 소리는 우리가 눈으로 지각하는 것 보다 훨씬 더 많은 공간을 감싸고 있다. 우리 눈은 몸을 움직이지 않는 한 180도가 넘는 공간을 인지하기 어렵다. 그러나 소리는 우리 주변을 360도로 감싸고 있다.

〈소매치기〉에서 시각적 이미지는 미셸이 지각하는 고립된, 폐 쇄적인 공간을 표현한다. 그러나 소리는 화면의 외부, 프레임 바 깥에 위치하며 관객이 있는 곳까지 연장된다. 관객은 이미지의 층 위와 소리의 층위가 만나는 지점이다. 브레송은 이렇게 말한다. "관객에게서 관심을 끄집어내라, 굴뚝에서 뽑아내듯이." 〈소매치기〉의 공간은 관객의 시각과 청각, 관객의 지각이 협력하면서 구성된다.

그렇다면 스스로 고립된 세계에서 살고 있는 고독한 미셸은 공간을 어떻게 지각하는가? 〈소매치기〉에는 주인공 미셸의 주관적인 시점을 보여주는 쇼트가 많다. 미셸은 지하철에서 한 남자가 소매치기하는 장면을 목격한다. 미셸이 그를 훔쳐보는 쇼트에 이어 그가 바라보는 대상, 소매치기하는 모습이 편집된다. 소매치기의 모습은 미디엄 쇼트로, 이어 클로즈업 쇼트로 변화한다. 미셸은 움직이지 않지만, 그의 관심, 그의 시선이 변했기 때문에 더욱 근접한 쇼트로 편집된 것이다. 브레송은 이렇게 말한다. "움직이는 것은 눈이 아니라 시점이다." 브레송은 이러한 주관적인 시선을 보여주기 위해 카메라를 움직이는 대신 편집 기법을 사용한다. 브레송은 카메라의 움직임을 싫어한다. 그는 카메라가 움직이는 것은 마치 눈을 몸에서 분리한 것 같아서 인간이 보는 방식과 일치하지 않는다고 생각한다.

놀이공원에 갔을 때 미셸은 갑자기 앞쪽으로 시선을 던진다. 이어 클로즈업으로 포착된 손목시계가 보인다. 이처럼 영화 곳곳에서 클로즈업으로 포착된 돈, 핸드백, 시계 등을 볼 수 있다. 이 근접한 쇼트들은 미셸의 주관적인 시선, 그것들을 훔치고 싶어 하는 욕망의 시선을 표현한다.

눈은 욕망하는 대상을 바라볼 수는 있지만, 소유할 수는 없다. 소매치기는 손을 통해 갖고 싶은 욕망을 실현한다. 사물을 바라보던 눈은 그 대상을 소유하기 위해 손에 지각의 기능을 넘겨준다.

이제 촉각이 시각을 대신한다. 경마장과 기차역에서 소매치기하는 장면을 보여주는 유명한 클로즈업 쇼트들의 편집은 주관적인 시선을 대신하는 손의 촉각을 표현한다. 시선에 의해 연결되던 공간이 이제는 손으로, 촉각을 통해 연결된다. 미셸에게 소매치기의 공간은 말들이 경주하는 경마의 공간도, 기차를 타고 내리는 이동의 공간도 아니다. 미셸에게 그곳은 단지 소매치기의 공간이다. 예민하고 민첩한 손이 어루만지고 감촉하는 공간이다.

미셸이 동료 두 명과 기차역에서 소매치기하는 장면에서는 마치 돈과 지갑이 리듬에 맞춰 춤을 추듯 손에서 손으로 움직인다. 들뢰즈는 〈소매치기〉에서 손은 감정을 지니고 있어 '얼굴의 기능'을 한다고 설명한다. 소매치기들의 손은 마치 눈이 있어 서로를 볼 수 있는 것처럼 시선을 교환하듯 이어지고 서로의 공간을 연결한다. 관객은 소매치기하는 손의 촉각을 '본다'. 들뢰즈는 이러한 기능을 '시선으로 만지는haptique 공간'이라고 설명한다.

미셸의 공간은 장소의 특수성을 상실한 공간, 들뢰즈가 말하는 '임의의 공간espace quelconque'과도 같다. 미셸에게는 기차역, 경마장, 거리가 모두 같은 곳, 공간의 특수성이 부재하는 곳, '비-공간non-place'이다. 한정되지 않은 공간, 불안정적이며, 연관성이 사라진 임의의 공간은 다른 한편으로는 '잠재성'의 공간, '순수한 가능태의 장소'가 된다. 〈소매치기〉의 공간은 미셸이 지각하는 공간, 그의 지각에 의해 드러나고 연결되는 곳이다. 미셸은 타인과 단절된 공간에서 살지만, 소매치기할 때는 눈과 손이 공간을 연결한다. 영화는 관객에게 공간의 매끄러운 연속을 보여주지 않는다.

단편화된 공간은 고독한 미셸의 정신적 상태를 의미한다. 소매치기하는 손, 손의 촉각은 분절된 공간을 연결한다. 미셸에게 소매치기는 세상과 연결되는 방법, 고독을 극복하는 방법이다.

3. 내면의 목소리와 시간의 분화

고립된 세계에서 사는 미셸에게는 시간도 단절되어 있다. 영화는 미셸의 과거에 대해 거의 알려주지 않는다. 관객은 그가 가난하다는 것, 책을 많이 읽고 지적 호기심이 강하다는 것 외에 그에 대해 아는 것이 거의 없다. 그의 이름은 미셸이지만 성은 모른다. 그가 어느 정도 교육받았는지, 가족 관계는 어떻게 되는지, 그의 어린 시절이나 과거는 어떠했는지 알 수 없다. 아버지는 이미 세상에 없고 어머니는 이야기 중간쯤에 죽는다. 그에게서는 시간의 흔적을 찾기 힘들다. 그는 과거와 단절된 존재이다.

영화의 이야기가 전개되는 시간 또한 모호하다. 영화는 주인공이 파리를 떠나 외국에서 지낸 시간만을 '2년 동안'이라고 알려줄 뿐, 구체적인 시간에 대한 정보가 거의 없다. 사건과 사건 사이 시간의 경과도 모호하다. 경마장에서 처음 소매치기를 한 후 미셸은 아픈 어머니의 집을 찾아간다. 그러나 그는 어머니를 만나지 않는다. 어머니에게 건넬 돈을 이웃에 사는 쟌느에게 맡기고 문 앞에서 돌아선다. 얼마 후 쟌느는 미셸의 집에 찾아와 어머니가 많이 아프다고 알려준다. 그러나 그는 어머니를 보러 가지 않고,

다른 소매치기를 만나 새로운 기술을 익힌다. 다시 얼마 후 쟌느가 방문 아래 남겨둔 '빨리 오세요'라는 쪽지를 발견하고 집으로 가서 어머니의 임종을 지킨다.

미셸과 어머니와의 관계는 이렇게 세 차례에 걸쳐 영화에 등장한다. 그러나 관객은 이 사건들 사이에 얼마나 시간이 흘렀는지 알 수 없다. 영화는 시간에 대한 구체적인 정보를 주는 대신 미셸이 연마한 소매치기 기술을 통해 시간의 흐름을 간접적으로 짐작하게 해준다. 경마장에서의 첫 소매치기, 지하철에서의 소매치기 장면 목격, 독학한 후 지하철에서 돈을 훔치는 것, 다른 소매치기에게 전문적인 기술을 배우는 것. 이러한 변화의 단계가 어머니와의 만남 전후에 위치한다. 어머니가 죽은 뒤 미셸은 동료들과 본격적으로 소매치기에 나선다.

미셸의 공간이 소매치기하는 손의 촉각을 통해 연결되는 곳이라면, 이야기의 시간은 주인공 미셸이 경험하게 되는 소매치기의 여정, 손의 모험이라 할 수 있다. 앙드레 바쟁André Bazin은 "브레송 영화의 주인공들은 행동의 완곡한 반복을 보여준다"고 지적한다. 같은 운동을 되풀이하는 시계추가 그 반복 속에서 흘러가는 시간을 시각화하듯 소매치기를 하는 미셸의 반복적인 행위가 이야기의 시간을 이끈다.

타인과의 소통을 거부하는 미셸은 대화를 거의 하지 않는다. 그는 다른 인물들과 최소한의 말만 나눈다. 관객은 그의 입을 통해 듣는 목소리보다 화면 밖에서 들리는 미셸의 목소리를 더 많이 듣는다. 보이스오버의 이 목소리는 미셸의 육체를 떠나 있다.

화면 속의 미셸은 입을 다문 채 말을 하지 않지만, 외화면에서 들리는 미셸의 목소리가 이미지를 감싸고 장면을 설명한다. 이 목소리는 미셸의 '자아의 소리', '모든 것을 알고 기억하는 소리'이다. 이 자아의 소리는 관객에게 미셸의 생각, 그의 내면이 어떠한지 알려준다. 〈소매치기〉는 미셸이 회상하는 시간에 관한 이야기가 된다.

미셸의 고백으로 구성되는 서사의 세계에서 시간은 모호하다. 과거를 설명하는 미셸의 내면의 소리는 현재의 대화 속으로 불쑥 끼어들기도 한다. 인물들이 대화하는 장면에 미셸의 내면의 목소리가 끼어들면서 현재의 대화가 과거로 연결되기도 한다. 미셸이 카페에서 친구 자크와 대화를 나누다가 형사를 발견한다. 이어 그의 내면의 목소리가 들려온다. '익숙한 얼굴이 보여서 멍청하게 그에게 인사를 했다.' 이미지는 바뀌지 않지만, 사운드는 사건이 벌어지는 시간을 벗어난다. 장면 속의 대화는 현재인 것처럼 제시되지만 느닷없이 이 시간이 과거에 속한 것임을 알려주는 목소리가 들린다. 이미지는 변함없지만, 소리의 차원에서 시간의 분화가 일어난다. 서사 세계의 모든 장면이 이런 식으로 구성되어 있다. 미셸의 내면에서 흘러나오는 목소리가 현재의 대화를 과거에 속한 것으로 바꿔버린다.

더욱 혼란스러운 사운드의 공존도 있다. 내면의 소리가 다른 시간에 속한 소리와 함께 들린다. 미셸의 회상, 자아의 소리는 과거를 기억하는 현재의 목소리이다. 그런데 이 내면의 소리는 독립적으로 들리지 않고 여전히 카페의 소음과 함께 들린다. 카페의 소음은 과거에 속한 것이다. 브레송은 이처럼 현재와 과거의 소리를 아무런 구분 없이 나란히 둔다.

서사를 감싸는 또 다른 시간도 있다. 〈소매치기〉의 첫 장면은 노트 위에 글을 쓰고 있는 클로즈업된 손을 보여주면서 시작된다. 쓰고 있는 글을 읽는 목소리가 외화면에서 들린다. 이 글이 편지인지, 혹은 일기인지, 소설인지 관객은 알 수 없다. 이야기가 시작되면 우리는 이 목소리의 주인공이 미셸임을 알게 된다. 글을 쓰는 모습과 외화면의 목소리로 이루어진 장면은 영화에 모두 네 번 등장한다. 앞에서 언급한 영화의 처음에, 은행 앞에서 미셸이 소매치기를 하기 전, 기차역에서 동료들과 소매치기를 하기 전, 마지막으로 미셸이 기차를 타고 밀라노로 떠날 때가 그것이다. 〈소매치기〉의 이야기는 이처럼 크게 네 단락으로 구성되어 있다. 이 보이스오버 내레이션 장면은 다음에 올 이야기에 대한 정보를 미리 알려주는 역할을 한다.

첫 번째 장면에서, '이런 일을 한 사람들 대부분은 침묵하지만, 하지 않은 사람들이 떠든다. 그렇지만 나는 그것을 했다'라고 쓴다. 여기에서 '그것'은 다른 사람의 돈을 훔치는 일, 소매치기를 말한다. 이 설명에 이어 영화는 경마장에서 처음 소매치기를 하는 미셸의 모습을 보여준다. 두 번째 장면에서 미셸은 '일주일 후 나는 유명한 은행 로비에 앉아 있었다'라고 쓴다. 이어 미셸이 은행에 앉아 돈을 찾고 있는 한 남자를 훔쳐보는 장면이 이어진다. 글을 쓰는 모습과 그 글을 읽는 목소리는 영화 이야기 전개에서 반드시 필요한 것은 아니다. 이 장면은 일종의 '중복', 혹은 '잉여'의 기능을 한다. 관객은 내레이션을 먼저 듣고 나서 그다음으로 사건이 펼쳐지는 장면을 보게 된다. 브레송은 이야기 전개에 굳이 필요하지 않은 이런 장면을 왜 넣었을까?

네 개의 내레이션 장면은 독립적인 시간의 흐름을 보여준다. 처음과 두 번째 내레이션 장면에서 우리는 글을 쓰는 주인공을 본다. 세 번째 장면에서 미셸은 글을 쓰다가 그 페이지를 노트에서 찢어내려고 한다. 마지막 장면에서는 찢어낸 페이지 앞뒤에 적힌 글을 읽는 미셸의 목소리가 들린다. 내레이션 장면은 처음에는 글을 쓰는 모습으로 시작했지만, 영화 끝부분에 이르면 다 쓴 글을 읽는 모습으로 바뀐다. 글을 쓰기 시작해서 완성에 이른 이러한 장면 변화는 시간의 흐름을 표현한다. 미셸이 소매치기하는 행위로 서사 시간의 흐름을 보여주는 것처럼 네 개의 내레이션 장면은 서사 바깥에서 또 다른 시간의 변화를 보여준다.

내레이션 장면은 영화의 서사 중간에 끼어들면서 이야기의 흐름을 방해하고 관객에게 거리를 두게 만든다. 내레이션 장면들은 서사의 바깥에서 또 다른 시간의 층을 지닌 독립된 세계, 독립된 시간의 차원을 구성한다. 〈소매치기〉에는 서사의 세계와 서사 밖 내레이션의 세계가 나란히 존재한다. 글을 쓰고 있는 내레이션 장면이 현재에 속한다면, 관객의 눈앞에서 펼쳐지는 서사의 세계는 주인공의 기억 속에 있는 과거의 이야기다.

내레이션 장면에서 미셸은 노트에 쓴 글을 다 읽지는 않는다. 관객은 그가 읽지 않은 단어들을 노트에서 발견할 수 있다. 이것은 내레이션 장면이 글 전체가 아닌 일부만 읽고 있음을 의미한다. 즉 관객인 우리는 볼 수 없지만, 더 많은 글이 씌어 있음을 암시한다. 마지막 내레이션 장면은 주인공이 쓴 글에 대한 비밀을 풀어준다. 미셸은 경찰에 잡힐까 봐 기차를 타고 밀라노로 떠난다. 기차에 오른 주인공의 모습과 함께, '잊을 수 없는 순간이었다'라고 내면의 소리, 자아의 목소리가 말한다. 그러고는 마지막 내레이션 장면이 이어진다. 종이는 낱장으로 찢겨 있고 그 위에 글씨가 적혀 있다. 바로 앞 쇼트에서 미셸이 읽었던, 내면의 목소리가 말한 '잊을 수 없는', '순간'이란 단어가 종이 위에 적혀 있다. '잊을 수 없는'이라는 단어를 읽는 서사 세계 속의 '자아의 목소리'가 이어지는 내레이션 장면의 목소리와 연결된다. 미셸의 목소리가 이 단어들에 이어진 문장을 읽는다. '밀라노와 런던에 갔었다. 그곳에서 2년을 보냈다…' 이어 펜을 든 손이 종이를 뒤집는다. 뒷면에 적혀 있는 글을 읽는 미셸의 목소리가 들려온다. '하지만 여자와 도박으로 돈을 낭비했다. 파리로 돌아왔을 때 나는 무일푼이었다.' 그리고 이어지는 쇼트에서 기차에서 내려 걸어오는 미셸을 보여준다. 다시 서사의 세계로 돌아온 것이다.

관객은 영화의 마지막에 가서야 비로소 서사의 세계에 끼어들던 미셸의 목소리, 내면의 소리가 실은 그가 쓴 글을 읽은 것임을 알게 된다. 내면의 목소리가 들려준 것은 관객은 읽지 못한 노트 속의 글이다. 서사의 세계에서 끊임없이 들려오던 주인공의 내면의 소리, 자아의 목소리는 바로 자신이 쓴 글을 읽은 것이었다. 목소리는 공기 중에서 흩어져 사라진다. 그러나 글은 기록으로 보존된다. 글쓰기는 미셸의 고백을 개인의 기억으로 머무르게 하지 않고 정신적인 표현, '사유의 고귀한 방식'이 되도록 만든다.

영화의 시간을 나란히 끌고 가던 두 세계, 서사의 시간대와 서사 밖의 시간대는 마지막 내레이션 장면에서 서로 연결된다. 소리의 차원이 이 두 세계를 연결한다. 이로써 글을 쓰고 있는 현재의 시간과 영화 이야기가 펼쳐지는 과거의 시간 또한 연결된다. 〈소매치기〉에는 이처럼 시간의 중층적 결합이 있다. 시간은 마치 뫼비우스의 띠처럼 서로 연결된다. 시간은 파편화된다. 영화는 끊임없이 분기하는 시간, '접근하다가 두 갈래로 갈라지고 다시 겹쳐지는 시간'을 담고 있다. 여러 층의 시간대가 씨실과 날실의 복잡한 직조를 만들어낸다. 관객은 소리와 이미지의 층위에서 다양하게 변화하는 시간의 미로를 추적해야 한다.

4. '이상한 길'

미셸은 소매치기를 그만두고 성실하게 살아가려는 순간 함정수사에 걸려 감옥에 간다. 그리고 세상으로부터 진정으로 격리되자 비로소 자신이 쟌느를 사랑하고 있음을 알게 된다. 미셸은 쟌느와 함께 있을 때는 그녀와 소통하는 것을 거부했다. 그는 사람들과 함께할 때 늘 자신을 세상에서 고립시키려 했다. 미셸이 소매치기를 할 때는 경찰에 붙잡히지 않았지만, 성실하게 살고자 마음먹었을 때 그는 감옥에 간다. 감옥에 갇혀 세상으로부터 단절되었을 때 그는 세상과 소통하고 쟌느와의 사랑을 인정하게 된다.

미셀은 비로소 자신의 삶에 선택의 여지가 없다는 사실을 깨닫게 된다. 삶의 부조리와 불확실성을 인정하는 순간, 미셀은 자신이 느끼는 고독의 정체를 인정하고 타인을 받아들이게 된다. 그리고 세상과 화해한다.

영화의 마지막에 미셀은 쟌느와 자신을 가로막는 창살 앞에서 이렇게 말한다. "당신에게 다다르기 위해 나는 얼마나 이상한 길을 선택했는지!" '이상한 길'은 이 영화의 주제를 함축하는 단어이다. 우리의 삶은 '이상한 길' 그 자체가 아닌가. 삶의 불확실성, 선택의 불가능성은 그러나 삶을 끌고 가는 방법이다. 선택의 불가능성을 알면서도 우리는 매 순간 선택을 해야 한다.

수전 손택Susan Sontag은 이렇게 말한다. "〈소매치기〉의 영화 형식은 브레송이 표현하고자 했던 바로 그것이다." 이 영화의 파편화된 공간과 끊임없이 분화되는 시간은 불확실한 허구의 세계를 만들어낸다. 〈소매치기〉의 이러한 형식은 영화에서 다루고 있는 주제, 삶의 불확실성과 선택의 문제를 잘 표현한다. 〈소매치기〉는 관객에게 '이상한 길'을 걷게 한다.

브레송은 이렇게 말한다. "관객으로 하여금 영화의 한 부분을 가지고 전체를 꿰뚫어 보는 데 익숙해지게 만들어라. 짐작하게 하라. 알아맞히고자 하는 욕구를 일깨워라." 생략적인 구성, 이미지와 소리의 복잡한 관계, 시점의 분화, 시간의 다양한 층위. 〈소매치기〉의 이러한 장치는 관객을 난감하게 한다. 브레송은 일부러 영화를 분해하고 잘라내고 비틀어 놓아 관객이 스스로 선택하고 연결하고 구성하게 만든다. 브레송에게 영화의 세계는 관객 스스로가 구축하는 것이다. 그가 만들어 낸 미로 속에서 관객 각자는 빠져나올 길을 선택해야 한다.

들뢰즈는 〈소매치기〉가 "사유의 가장 고귀한 결정, 세계와의 모든 관계보다 더 심오한 지점이라 할 선택을 드러내는 데 합당한 영화-형식"이라고 말한다. 〈소매치기〉의 다양한 영화적 장치, 불확실성은 관객의 선택과 사유의 공간을 만들어준다. 훌륭한 영화란 이처럼 형식과 주제가 하나로 만난다.

3부

뫼비우스의 띠

"나는 영화가 카메라에 의해 포착되는 사람이나 사건이 아니라고 생각한다.
영화는 현실에서 카메라로 움직이는, 영화라고 이름 붙여진 현실이다.
영화는 그 두 가지 사이에 있다."

— 장 뤽 고다르

8. 틀, 세계, 영화

이정향 • 〈미술관 옆 동물원〉

1. 영화에 대한 존재론적 질문

이정향 감독의 〈미술관 옆 동물원〉(1998)은 무엇보다도 영화에 관한 영화이다. 흔하지는 않지만, 우리에게도 영화에 대해 질문을 던지는 영화들이 있다. 그러나 이 영화만큼 집요하게 그리고 일관성 있게 이 문제를 파고든 작품은 없다. 이 영화는 처음부터 끝까지 영화에 대해 존재론적 질문을 던진다. 그리고 그 질문에 대한 답을 영화 안에서 스스로 찾으려고 한다.

모든 존재론적 질문은 항상 무겁다. 인간은 어떤 존재이고 우리 삶은 무엇인가, 우리의 사랑은 어떤 것인가? 그러기에 많은 이들은 삶을 묻는 대신 삶을 살아가고, 사랑이 무엇인지 물어보기보다는 사랑을 한다. 그리고 많은 영화는 영화가 무엇인지 물어보기보다 이것은 그냥 영화라고 말한다. 그런데 이정향은 영화에 대해 질문을 던진다. 그녀가 묻는 방식은 너무나도 부드럽고 경쾌하다. 존재에 관한 무거운 문제는 밑으로 가라앉고 영화의 표면 위에는 춘희와 철수의 사랑 이야기가 흘러간다.

본질적으로 영화는 짝사랑을 닮았다. 영화 속의 인물과 영화를 보는 관객의 만남은 짝사랑하는 관계처럼 서로 비껴간다. 영화를 찍을 때 관객인 우리는 부재한다. 영화 속의 인물, 배우들은 관객의 시선을 간절히 바라고 사랑이 듬뿍 담긴 눈빛을 기대하면서 연기를 하지만, 관객인 우리는 그곳에 없다. 그러나 우리가 관객이 되어 극장을 찾았을 때, 영화 속 배우들은 이미 떠나고 그들의 흔적만이 스크린 위에 남아 있을 뿐이다. 영화를 보는 관객의 시선은 연인이 떠나고 난 뒤 간절히 그 흔적이라도 찾으려고 하는 사랑하는 사람의 시선과도 같다. 이처럼 영화의 스크린은 짝사랑하는 사람의 시선처럼, 시선의 부재와 현존이 부딪치고 스쳐 가는 장소이다. 영화는 부재와 현존이 항상 어긋나고 비껴가는 애달픈 짝사랑과 같다.

영화는 짝사랑을 닮았기에 사랑의 이야기로 영화의 존재론적 질문에 접근하려는 이정향의 방법은 설득력이 있다. 〈미술관 옆 동물원〉은 짝사랑하는 춘희와 애인에게서 버림받은 철수의 사랑 이야기다. 춘희와 철수는 일방적인 사랑이 가져온 아픔을 잊기 위해 함께 시나리오를 쓴다. 두 사람은 그들이 사랑했던 인공과 다혜를 주인공으로 사랑의 이야기를 만든다. 그리고 이들이 만드는 시나리오가 곧 이 영화, 〈미술관 옆 동물원〉의 줄거리가 된다. 시나리오란 영화의 토대가 되는 이야기, 영화를 만드는 이야기이다. 그렇기에 그것은 아직 만들어지지 않은 영화이다. 영화가 되기 전의 이야기라는 점에서 시나리오는 마음속으로 누구나 꿈꾸는 이야기, 만들어지지 않은 우리 마음의 영화와 같다. 춘희와 철수가 현실에서 하지 못한 말과 하고 싶었던 것을 시나리오 속에서 표현하는 것처럼, 사람들은 저마다 자신만의 영화를 만든다. 이루지 못한 꿈, 가지 못한 길, 붙잡지 못한 연인을 생각하며 사람들은 모두 각자의 마음속에서 영화를 찍는다.

춘희와 철수가 써나가는 시나리오는 만들고 있는 영화를 의미한다. 밤에는 시나리오를 쓰고, 낮에는 결혼식 비디오를 찍는 춘희는 이야기를 이미지로 바꾸는 사람, 감독에 대한 은유이다. 회화 속에 등장하는 붓을 든 화가의 모습은 무기를 든 군인에 비유된다. 붓은 현실이라는 전쟁터에 나가기 위해 필요한 무기이다. 화가의 붓처럼, 군인의 무기처럼 이정향은 이 영화의 처음부터 카메라를 아무 거리낌 없이 우리에게 내민다. 이러한 과시는 자신의 작업에 대한 신념의 표현, 자신감의 표현이다. 또한, 자신의 전투에 대한 의지의 표명이다. 이정향은 영화에 대한 존재론적인 물음, 그 힘겨운 싸움을 어떻게 치를 것인가?

2. 외화면, 상상의 공간

영화는 빛의 운동으로 현실의 시뮬라크르simulacre를 만든다. 우리를 웃고 울게 만드는 것은 스크린이라고 불리는 하얀 막 위에 펼쳐지는 빛의 파장들이다. 그러나 이 파장은 그 움직임만큼 자유로운 공간을 갖고 있지는 않다. 빛의 움직임은 네모난 틀 속에 갇혀 있다. 우리는 이 틀을 프레임이라고 부른다. 프레임은 영화의 이미지를 경계 짓는 틀이다. 그림과 사진, 영화를 보는 우리의 지각은 프레임이라는 사각의 틀에 길들어 있다. 춘희의 방은 이러한 사각 틀의 전시장이다. 방 안 곳곳에 걸린 네모난 액자, 부엌과 방 사이 벽에 뚫려있는 네모난 틀, 침대 옆 벽에 붙은 네모난 세계지도, 책장 위의 네모난 그림엽서, 심지어 무수히 많은 사각형 무늬의 이불까지. 이 영화는 이러한 사각의 프레임을 의도적으로 끊임없이 노출하며 우리에게 틀에 대해 생각하게 만든다.

그런데 틀은 왜 사각인가? 그림을 보는 우리의 눈은, 그림을 그리는 화가의 눈은 둥근데 왜 그림은 사각의 틀 속에 담겨 있을까? 카메라는 둥근 렌즈로 세상을 포착하고, 영사기는 둥근 입으로 빛을 뿜어내는데 왜 사진이나 영화는 네모 칸 안에서 이미지를 전달하는가? 사각의 틀은 가시적인 공간, 자연의 있는 그대로의 공간을 기하학적인 공간으로 바꿔놓는다. 리오타르^{Jean-François Lyotard}는 글을 쓰는 것이 그러하듯, 이미지를 사각의 틀 속에 담는 것은 세계를 재해석하고 의미를 부여하는 일, 세계를 추상화하는 작업이라고 설명한다. 춘희는 철수에게 손가락으로 네모난 틀을 만들어 보이며, "이렇게 보면 세상이 다 의미 있어 보여"라고 말한다. 틀은 눈의 자유로운 움직임을 제한한다. 그러나 틀은 그 안에 세계를 재배치하고 구성하면서 의미를 부여한다. 이 영화는 틀이 가진 이러한 의미를 충분히 보여준다. 다혜와 철수, 춘희가 만나는 장면에서 다혜는 철수, 춘희와 한 프레임 안에 들어가지 않는다. 춘희와 철수는 한 화면 속에 잡히지만, 다혜는 그 안에 들어가지 못한다. 왜냐하면, 다혜는 변심했고 철수는 버림받았기 때문이다. 더 중요한 이유는, 실은 앞으로 다혜가 다른 세계, 철수와 춘희가 만드는 시나리오의 세계, 허구의 세계에 속하게 될 인물이기 때문이다. 인공의 경우도 마찬가지다. 춘희와 인공은 한 화면에 잡히지 않는다. 인공에 대한 춘희의 사랑이 일방적인 짝사랑이듯, 인공은 춘희의 카메라 속에 담길 뿐이지 춘희와 인공, 두 사람이 나란히 한 틀 안에 들어오지 못한다.

'미술관 옆 동물원'이라는 제목도 틀 속의 공간을 상징한다. 미술관과 동물원은 모두 가두어 두는 공간이다. 미술관은 틀에 담긴 그림들을 모아 놓은 곳이다. 동물원은 날것의 짐승들, 길들지 않은 동물을 가두는 공간이다. 자유로운 들판을 질주하던 야생의 동물들은 철창 속에 갇혀 인간이 강요하는 규칙에 길들어야 한다. 마치, 있는 그대로의 세계가 한순간 화가의 눈이나 카메라에 포착되어—포착과 포획은 결국 같은 의미다—, 틀 속에서 우리에게 전시되는 것처럼. 길든다는 것은 인간의 코드에 맞게 재배치되는 것이다. 틀 안에서 길든 동물은 사람들에게 보여진다. 아니, 보이기 위해 틀 속에 갇힌다. 틀은 이처럼 날것들을 가두고 그것에 의미를 부여한다.

영화의 이미지에는 회화의 틀처럼 금속이나 나무로 만들어진 가시적인 확고한 틀은 없다. 영화와 현실을 가르는 틀은 무엇일까? 그것은 컴컴한 동굴 속 같은 극장 안의 어두움, '익명의 많은 사람으로 가득 찬 수많은 어두움', '확산된 에로티시즘의 색채'라고 바르트Roland Barthes가 말한 그 어두움이다. 어두움은 영화의 매혹 그 자체이다. 시나리오 속의 인공이 밤마다 관찰하는 어두운 우주의 빛나는 별처럼, 혹은 밤하늘을 바라보며 자신을 동일시하는 다혜의 달처럼, 영화의 이미지는 검은 공간을 가로지르며 하얀 영사막 위로 쏟아지는 빛에 의해 만들어진다. 영화의 아우라는 '밤'이다. 밤 동안 춘희의 시나리오가 만들어진다. 인공과 다혜는 밤에 자전거를 타고 사랑의 이야기를 나눈다. 밤에 산책하러 나간 춘희는 철수의 고장 난 차에 갇혀 보름달을 보면서 인공과 다혜의 사랑 이야기를 상상한다. 달은 스크린에 대한 훌륭한 은유이다. 달이 항상 한 면만 보여주듯 우리는 스크린 뒤편의 모습은 볼 수 없다. 낮에는 보이지 않는 달, 태양 빛 아래에서는 모습을 드러내지 못하는 달처럼 스크린 위의 이미지들은 밝은 빛 속에서는 창백해지고, 변질되고, 지워진다. 어두움은 영화의 이미지를 붙잡고, 이미지를 현존케 하고, 틀을 만들어주며 형상을 제공한다. 그 어두움이 만드는 사각의 입방체 안에서 영사기의 빛은 춤을 춘다.

틀은 작품을 열고 닫는다. 틀은 선택이고 의미의 부여이다. 그러나 틀은 질주하는 우리의 시선을 구속하고 우리의 사유를 추상화한다. 철수는 춘희의 사랑이 액자 속의 그림처럼 갇힌 것이라고 비난한다. 그러나 이 영화는 의미를 부여하기 위해 가두는 것으로서의 틀의 개념에서 더 나아간다. 영화와 그림의 틀은 같지만 다르다. 이 영화에서 보여주는 틀은 두 가지로 나눌 수 있다. 하나는 춘희의 방에 있는 액자나 사진, 다혜가 있는 미술관의 그림들이 가진 틀이다. 그림의 틀은 날것의 세계, 구체적인 세계를 그림의 세계와 구분한다. 다른 하나는 춘희 방의 창문이나 자동차 유리창의 틀이다. 창문의 틀은 사각의 프레임에 담긴 이미지라는 점에서 그림의 틀과 같지만, 창문 밖의 세계, 그 틀이 매개하는 창문 너머의 더 큰 세계를 전제로 한다는 점에서 큰 차이가 있다. 창문의 프레임에는 그 뒤 우리의 시야에는 감추어져 있지만, 그러나 분명히 존재하는, 그것의 일부만이 우리에게 보일 뿐인 무엇인가가 있다. 숨겨져 있는 것, 보이지 않는 것이 보이는 것을 구성한다는 의미에서 영화의 프레임에는 창문의 개념이 들어있다. 영화의 세계는 우리에게 모든 것을 다 보여주지는 않는다. 창문으로 보이는 풍경이 보이지 않는 풍경의 일부인 것처럼, 스크린에 투사되는 이미지는 허구 세계의 일부일 뿐이다. 영화의 이미지를 구성하는 보이지 않는 공간은 보이는 공간보다 더 크고, 그러기에 더욱 중요하다. 왜냐하면, 그 공간은 우리의 상상력이 만드는 공간이기 때문이다.

프레임 밖으로 쫓겨난 다혜는 목소리로만 존재한다. 현실의 다혜는 전화를 통해 자신의 존재를 알려준다. 현실의 인공은 처음에만 얼굴을 보여줄 뿐 시나리오 속 인물이 된 후에는 춘희와 철수의 대화 속에서만 등장한다. 우리는 인공과 다혜의 얼굴은 볼 수 없지만 그들의 모습을 상상하며 영화를 본다. 영화의 화면에서는 사라졌지만, 영화 속의 세계 어딘가에서 전화를 거는 다혜를 상상한다. 우리 눈앞에 그들은 부재하지만, 여전히 영화의 어느 곳에

선가 살면서 그들의 세계를 구성하고 있다고 우리는 믿는다. 이러한 우리의 순진한 믿음이 영화를 존재하게 하는 힘이다. 영화는 비어 있는 이 공간을 채우는 관객의 상상력이 없으면 존재할 수 없다. 영화가 상상적인 것은, 우리의 욕망을 자극하는 것은, 감추어져 있는 이 공간—외화면hors-champ이라고 부르는—때문이다. 외화면은 믿음의 공간, 상상의 공간이다. 무수한 외화면의 공간을 통해 영화의 담론은 만들어지고 해석된다.

춘희와 철수는 창문 앞의 멋진 풍경에 대해 여러 번 이야기한다. 그러나 그곳은 관객에게 보이지 않는다. 춘희 방의 창문 밖 모습은 어떤 것일까? 둘이 멋있다고 말하는 과천 동물원과 미술관이 갈라지는 길 앞 경치는 또 어떠할까? 춘희가 구두 가게 앞에서 유리창을 통해 바라보는 구두는 어떻게 생긴 것일까? 철수와 춘희는 관객에게 멋진 풍경과 모습을 끊임없이 이야기하지만, 그곳은 보이지 않는다. 아니, 보여주지 않는다. 감추어져 있는 것은 더욱 보고 싶어지고, 부재하는 것은 우리의 욕망을 더욱 자극한다. 시나리오 속의 다혜가 인공을 생각하며 내다보는 창문의 전경은 숨겨진 화면에 대한 얼마나 탁월한 은유인가! 그곳, 다혜가 바라보는 창문 앞에는 아무것도 없는 하얀 막만이 존재한다. 그것은 비어 있는 스크린, 영화의 빈 곳이다. 그곳을 보며 사랑하는 인공을 생각하는 다혜처럼 관객은 보이지 않는 영화 속 공간에 사랑하는 사람들처럼 자신의 이야기를 풀어놓는다.

3. 프레임 안의 프레임

영화에서 프레임은 의미를 담고 구성하는 경계, 틀의 기능과 경계 외부에 있는 풍요로운 상상의 공간을 전제하는 창문의 기능, 이 두 가지 기능을 모두 한다. 영화는 보여주는 세계와 보여주지 않는 세계, 드러난 세계와 숨어 있는 세계가 동시에 만드는 공간이다. 〈미술관 옆 동물원〉에서 끊임없이 등장하는 여러 종류의 프레임은 영화에 대한 메타적인 담론을 구성한다. 그런데 이정향이 영화 속에서 고의로 노출하는 무수한 프레임들은 실은 단 하나의 현실적인 프레임 즉, 관객이 보고 있는 〈미술관 옆 동물원〉이라는 영화의 프레임 속에 담겨 있다. 이 영화를 보면서 우리는 실제 영화의 프레임과 영화 속에서 재현된 여러 프레임을 동시에 만나게 된다. 춘희 방의 창문과 미술관의 그림, 춘희와 철수가 이야기를 나누며 함께 보던 텔레비전은 프레임 속의 프레임, 격자구조mise en abyme가 된다. 그런데 이 영화에서 이러한 격자구조의 장치는 이중적이다. 화면의 구성 즉, 이미지의 차원뿐 아니라 서술의 차원에서도 격자구조의 형식을 취한다. 춘희와 철수의 이야기 속에 인공과 다혜의 이야기가 들어가 있다. 격자구조는 거울과도 같이 서로를 비추는 자기 반영적, 자기 반성적 장치이다. 철수와 다툰 춘희가 액자 앞에 서서 자신을 바라보는 장면은 틀 속의 틀이 보여주는 반영의 기능, 반성적 장치를 상징적으로 나타낸다. 클로즈업으로 포착된 춘희 방의 액자 속에서 우리가 보는 것은 액자 속의 그림이 아니다. 그곳에는 액자의 유리 위에 비친 춘희의 모습, 그림과 겹쳐져 있는 춘희의 얼굴이 있다. 그림 속의 사랑을 한다고 춘희를 비난한 철수의 말을 생각하면서 춘희는 액자의 유리에 반사된 자신의 모습을 바라본다. 자신의 모습을 바라보는 것, 자신을 대상화하는 것은 자신에 대한 반성적 작업의 시작이다. 액자의 거울에 비친 자신의 모습을 본 후 그리고 비디오에 찍힌 자신의 모습을 본 후 춘희는 변한다. 맛있는 음식 앞에서 괴상한 소리도 지르지 않고, 부스스한 머리도 하지 않고, 맨발로 다니지도 않는다. 그리고 무엇보다 춘희는 자신이 철수를 사랑한다는 것을 깨닫게 된다.

영화 속의 영화, 그림 속의 그림, 틀 속의 틀은 바로 이러한 반성적인 자기 성찰의 기능을 수행하려는 의도에서 출발한다. 영화에서 틀의 제시는 자신의 존재 양식을 드러내기 위한 장치, 영화의 정체성을 질문하기 위한 장치이다. 그것은 어디까지가 영화이고 영화가 아닌지에 대한 존재론적인 질문이다. 그림이 아닌 영화라는 장치를 통한 틀의 제시는 더욱 노골적이다. 울적할 때 보려고 모아 놓은 비디오의 끝부분에는 철수가 찍은 춘희의 영상이 담겨 있다. 춘희는 비디오에 찍힌 자신의 모습을 보고 당황한다. 그런데 두 춘희를 바라보는 관객인 우리는 더욱 당황하게 된다. 비디오 속의 춘희는 처음에는 텔레비전 속에서, 영화 속의 또 다른 틀 속에서 우리에게 제시된다. 텔레비전이라는 틀은 자신의 모습을 보는 춘희와 비디오 화면 속의 춘희를 구분한다. 그러나 곧 이 구분이 사라진다. 두 춘희를 나누는 틀, 찍힌 춘희와 바라보는 춘희의 경계가 없어진다. 두 춘희는 영화 속에서 동등한 위치를 갖는다. 그리고 두 춘희는 서로를 바라본다. 스크린 가득 담긴 두 춘희 시선, 정면을 응시하는 두 시선은 쇼트-역쇼트로 제시된다. 두 춘희가 정말로 바라보는 것은 무엇인가? 영화 속의 논리를 따르자면 비디오를 보는 춘희의 시선은 비디오 속의 춘희를 향해 있다. 그리고 비디오 속 춘희의 시선은 자신을 바라보고 있는 대상을 향해 있다. 그렇다면 비디오 속의 춘희를 바라보는 자는 누구인가? 비디오에 찍히는 순간 그것은 카메라의 눈이었지만 지금은 찍힌 자신을 보는 춘희, 혹은 스크린 위의 춘희를 바라보는 관객이다. 비디오에 찍힌 춘희가 비디오를 보고 있는 자신과 현실 세계에 있는 관객 모두에게 말을 건네는 순간이다. 카메라를 정면으로 바라보는 비디오 속 춘희의 시선은 춘희가 있는 허구와 극장이라는 현실, 두 개의 프레임을 건너간다. 비디오 속의 춘희는 단번에, 단 한 번의 눈길로 허구와 현실의 경계를 가로지른다.

영화에서 제기된 자의식적 질문은 궁극적으로는 현실과 허구에 관한 질문이다. 틀 안의 틀, 이야기 속의 이야기, 영화 속의 영화는 관객이 허구와 현실을 가르는 경계에 관심을 갖도록 만든다. 비디오를 보는 춘희와 비디오 속의 춘희 두 사람 사이에서, 두 세계 사이의 어떤 구분도 어떤 경계도 사라져버린 두 춘희 앞에서, 우리는 어떤 춘희를 선택해야 하는가? 어떤 춘희가 진짜인가? 이처럼 관객은 영화가 있는 세계, 영화의 존재에 대해 질문하게 된다. 영화라는 허구의 세계는 어디까지인가?

이미지가 아닌 이야기의 차원에서 제시되는 격자구조도 결국은 현실과 허구의 경계를 말하기 위한 장치이다. 춘희와 철수의 사랑 이야기 속에 동물원의 인공과 미술관의 다혜 이야기가 박혀 있다. 인공과 다혜의 이야기는 컴퓨터의 네모난 화면 위에서 틀 속의 틀을 보란 듯이 보여주면서 시작된다. 컴퓨터의 스크린에 시나리오를 쓰는 글이 보이고 이어 화면이 바뀌며 시나리오 속의 이야기가 이미지로 펼쳐진다. 마치 컴퓨터 스크린의 네모난 프레임 안의 이야기 속으로 관객을 끌고 가는 것처럼.

박힌 이야기, 시나리오의 이야기는 현실의 반대편에서 시작한다. 각자의 연인에게서 사랑을 받지 못하는 춘희와 철수는 상상의 이야기를 만들며 슬픔을 달랜다. 각자 연인의 이름으로 주인공을 만들어 사랑의 이야기를 엮어가고 이내 두 사람은 이야기 속의 연인처럼 사랑하게 된다. 사랑은, 우리들의 욕망은 환유적이다. 욕망은 욕망을 낳고 사랑은 사랑을 만든다. 환유는 인접하는 말들이 만드는 수사적 장치이다. 인접하는 것들을 닮게 만드는 환유는 그러기에 전염병과도 같다. 사랑은 서로를 서로에게 전염시키는 것, 서로를 닮아 가는 것이다. 밤하늘을 관찰하는 인공을 닮기 위해 다혜는 우주에 관한 책을 열심히 본다. 다혜를 사랑하는 인공은 열심히 미술관을 드나들며 그림을 본다. 철수는 춘희를 흉내 내 손가락으로 프레임을 만들어 본다. 자신이 늘 가던 동물원 대신, 춘희를 생각하며 그림을 보러 미술관에 간다. 그리고 춘희는 철수를 만나러 동물원으로 간다.

환유적인 욕망, 전염병과도 같은 사랑의 구조는 바깥의 사랑 이야기와 박힌 사랑 이야기 사이에도 이어진다. 현실의 철수와 춘희는 시나리오를 쓰면서 자신들이 만든 다혜와 인공을 닮아 간다.

시나리오 밖의 춘희와 철수가 시나리오 속의 인공과 다혜의 말과 행동을 조종하는 것 같지만 이들은 점점 이야기 속 두 인물에게 자신들을 동일시한다. 두 사람은 시나리오 속 인물을 통해 마음속 진실을 표현한다. 현실보다 허구가 진실해지는 순간, 허구는 현실을 이긴다. 춘희와 철수가 시나리오 속의 다혜와 인공을 통해서 각자의 진실을 표현하는 순간, 이들의 사랑 이야기는 이야기 속 인물의 지배하에 들어간다. 이제 허구의 인물이 두 사람을 대신하게 되고 두 사람의 사랑 이야기를 간섭하게 된다. 허구의 이야기는 현실에 종속되는 것이 아니다. 두 이야기는 서로를 만들어준다. 허구와 현실은 공생 관계가 된다.

두 이야기가 연결되는 고리, 한 이야기에서 다른 이야기로 넘어가는 방식 또한 환유적, 연상적이다. 별자리에 대한 철수의 설명이 별자리를 관찰하는 인공의 모습으로 바뀌는 것처럼 춘희와 철수가 나누는 대화의 한 단어는 이내 시나리오의 이야기로 이어진다. 고장 난 자동차나, 자전거, 보름달과 같은 현실의 사소한 사물이나 사건은 시나리오의 플롯을 만드는 모티브가 된다. 그런데 이야기가 진행될수록 정말 흥미로운 것은 그 고리가 모두 현실에서 허구로 넘어가지는 않는다는 점이다. 시나리오의 이야기가 진행되면서 춘희와 철수는 현실과 허구를 혼동하고—이들이 현실의 대화와 시나리오의 대사를 혼동하는 데서 잘 알 수 있다—, 놀랍게도 시나리오의 이야기가 현실 세계로 넘어오는 일이 생긴다. 미술관의 다혜가 동물원의 인공에게 처음으로 자신의 이름을 밝히는 장면, "제 이름은 다혜예요, 다혜"라고 말하는 장면에 뒤이어 바로 현실 속의 다혜가 춘희에게 "춘희 씨, 저 유다혜인데요."라고 말하며 전화를 건다. 다혜라는 이름을 고리로 이야기는 허구에서 현실로 넘어온다. 현실의 이야기는 허구의 이야기를 만들고 허구는 다시 현실 속으로 흘러들어와 현실의 것들을 변모시킨다. 이처럼 두 개의 사랑 이야기는 하나의 같은 이야기, 서로를 만들어주는 이야기가 된다.

4. 경계의 해체, 상상의 힘

영화 속의 프레임에 사로잡힐 때 우리는 영화 자체의 프레임을 잊게 되고, 영화의 프레임을 지각하게 되면 영화 속의 프레임은 그 힘을 잃게 된다. 영화의 틀, 프레임은 현실과 허구의 힘이 만나는 헤게모니의 장이다. 이정향이 보여주려 한 영화 속의 틀, 격자구조의 모습들은 영화에 대한 자기 반성적인 탐구이면서 동시에 현실과 허구가 맺는 관계에 대한, 영화가 만들어지는 과정에 대한 자기반영이다. 이정향은 이 영화를 통해 현실과 허구는 분명 다른 차원의 것임을 이야기한다. 그렇지만 현실과 허구는 서로를 유혹하고, 서로를 질투하며, 서로를 닮으려 하는 사랑하는 연인들과 같다고 말한다. 서로가 서로를 만드는, 공생하는 그곳, 힘의 균형이 이루어지는 그곳에 이정향의 영화 미학이 존재한다. 바로 그곳에 영화란 무엇인가라는 질문에 대한 답이 있다. 감독은 영화 속에서 질문하고 답을 찾는다. 이 영화는 현실과 허구가 힘을 겨루며 만들어내는 아찔한 균형의 순간, 그 찰나의 미학을 곳곳에서 아름답게 보여준다. 현실의 틀과 허구의 틀이 힘을 겨루는 순간, 힘의 균형이 이루어지는 그 순간은 바로 현실과 허구의 경계가 사라지는, 두 세계가 나란히 공존하는, 그래서 두 세계에 놓여 있는, 두 세계를 바라보는 관객을 당황하게 만드는, 관객이 주저하고 머뭇거리게 하는, 그리하여 수많은 생각과 상상을 만들어내는 황홀한 순간, 마치 관객이 있는 바로 이곳이 영화인 듯, 그리고 스크린 저곳이 현실인 듯 느껴지는 바로 그 순간이다.

시나리오 속의 이야기가 시작될 때 인공과 다혜는 자신의 목소리를 갖지 못한다. 화면 밖에서, 시나리오를 쓰고 있는 철수와 춘희의 목소리가 두 사람을 설명하고 두 사람을 대신한다. 이미지는 시나리오 속의 세계, 허구의 세계에 있지만, 소리는 시나리오의 바깥, 현실에 있다. 이미지와 소리의 이러한 분화는 두 개의 다른 공간, 다른 층위를 동시에 관객에게 제시한다. 그러나 두 영역을 가르는 가시적인 틀은 없다. 또한, 외화면에서 흘러나오는 춘희와 철수의 목소리는 소리가 부재하는 이미지에 단지 정보만을 제공하는 것은 아니다. 시나리오 속 영화에서 인공이 음악을 들으려 하자, "그는 음악을 싫어해"라고 말하는 철수의 목소리가 끼어들고, 화면 속의 인공은 카세트테이프를 다시 뺀다. 소리가 이미지를 제어하는 이 장면은 소리로 존재하는 외화면의 공간이 어떻게 이미지로만 제시된 화면의 공간에 끼어드는지, 현존하는 이미지와 부재하는 이미지, 현존하는 소리와 부재하는 소리가 어떻게 서로 만나는지를 보여준다. 소리와 이미지, 현존과 부재의 변증법이 이루어지는 이 공간은 현실과 허구가 만나는 접점이기에 더욱 빛난다.

　아마도 이 영화에서 가장 황홀한 순간은 영화의 마지막에 춘희와 철수, 인공과 다혜가 모두 한곳에서 만나는 장면일 것이다. 이 장면은 우디 앨런의 〈카이로의 붉은 장미〉에서 스크린 밖으로 걸어 나와 세실리아에게 다가오는 영화 속 배우처럼 우리를 아찔하게 만든다. 그것은 현실과 허구의 두 세계가 일순간이나마 경계를 허문 순간이기 때문이다. 그러기에 그들은 서로를 스쳐 갈 뿐이다. 스쳐 간 풍경, 스쳐 간 연인이 그러하듯, 스쳐 가는 것들은 아름답다. 미술관에서 아마도 춘희를 생각하며 그림을 관람하는 철수는 다혜 옆을 스쳐 간다. 철수를 찾으러 간 동물원에서 춘희는 인공의 옆을 스쳐 간다. 동물원에서 미술관으로 이어지는 길, 그 길에서 다혜와 인공이 만나고 그 옆을 철수가 지나간다. 그리고 자전거를 탄 다혜와 인공이 춘희 옆을 지나간다. 여기에 현실과 허구를 가르는 경계는 어디에도 없다. 두 이야기를 나누었던 틀도 더 이상 없다. 틀도 경계도 사라진 세계. 현실의 춘희와 철수가 시나리오 속의 인공과 다혜와 한 화면에 들어오는 이 장면은 그림을 나누던 틀이 사라지고 다혜와 그림이 하나가 되는 장면의 동어반복이다. 인공이 바라보던 그림처럼 자신도 인공이 바라보는 대상이 되고 싶어 하는 다혜는 그림 속으로 들어가는 상상을 한다. 그림 속에 들어간 다혜의 모습은 그 세계가 뜻하는 바를 잘 암시한다. 그림과 합쳐진 다혜는 놀랍게도 날개를 단 다혜가 된다. 날개는, 다소 진부하지만, 여전히 아름답고 낭만적인 '상상'에 대한 은유이다. 다혜의 날개는 빛의 날개, 날아다니는 빛들이 만드는 공간, 영화의 공간, 상상의 공간을 말하고 있다. 영화 속에서 허구와 현실의 경계가 무너질 때 남아 있는 것은 관객의 상상뿐이다. 아니다. 있을 수 없는 그 공간을 만들 수 있는 것은 관객의 상상뿐이다. 춘희와 철수, 인공과 다혜는 바로 옆을 스쳐 가지만 서로를 볼 수 없다. 서로 스쳐 가는 아름다운 그들의 모습을 볼 수 있는 특권은 관객인 우리에게만 있다.

5. 영화, 관객의 믿음

다혜와 인공의 이야기가 만들어 놓은 그 길에서, 서로를 보지 못하고 스쳐 지나가던 그 길에서, 현실과 허구가 스치는 그 순간에 이 영화는 멈췄어야 한다. 철수와 춘희, 인공과 다혜의 이야기는 현실과 허구가 힘을 겨루는 아찔한 그사이, 흔들거리는, 관객을 망설이게 하는 그 시간, 매혹의 그 공간에서 멈췄어야 한다. 춘희와 철수가 이곳을 빠져나와 다시 관객 앞에 섰을 때 그들은 비루한 연인이 된다. 그들은 사랑을 구걸하는 추한 연인을 닮을 뿐이다. 우리의 환심을 사려는, 우리의 사랑을 억지로 얻으려는.

행복하게 끝을 맺는 많은 영화는 실은 관객을 기만하는 것이다. 우리의 삶은 영화처럼 행복한 결말로 끝나지 않는다. 그런데도 우리는 마약과도 같은 힘에 이끌려 극장으로 간다. 그럼에도 변치 않는 엄연한 사실은 영화는 허구이고 우리의 삶은 현실이라는 점이다. 많은 영화는 의도적이든 그렇지 않든 간에, 자신이 허구의 존재임을 숨기려 한다. 그런데 이 영화는 처음부터 허구와 현실은 엄연히 다른 세계라고 말한다. 현실이 어떻게 허구를 만드는가, 또한 허구가 어떻게 현실의 영역에 들어오는가를 줄기차게 보여준다. 이 영화가 빛나는 것은 현실과 허구가 경계를 허문 그 짧은 순간, 순간 속에서 나타났다가 사라지는 그 황홀한 미학을 보여주려 했기 때문이다. 그런데 이러한 경계의 접면에서 빠져나온 춘희와 철수는 시나리오의 주인공처럼 해피 엔딩을 요구한다. 사랑의 황홀감에서 미처 빠져나오지 못한 채 맞게 된 애인의 배신과도 같이, 철수와 춘희의 행복한 결말은 우리에게 치명적인 상처를 남긴다. 그것은 허구에 대한 현실의 비굴한 굴복이다.

그러나 우리의 진짜 현실로 넘어오게 되면 모순되게도 사실은 정반대가 된다. 영화의 현실적 목표는 많은 관객을 모으는 일에 있고 그 성공은 흥행에 달려 있다. 아주 많은 영화, 아니 거의 모든 영화는 이러한 현실에 복종한다. 영화라는 허구는 현실의 논리, 시장의 논리를 따를 때만 살아남을 수 있다. 춘희와 철수의 행복한 결말이 영화 속에서는 허구에 대한 현실의 패배이지만, 그것은 우리의 현실, 영화의 현실에서는 흥행을 위한, 삶의 무거움을 잊으려는 사람들을 극장으로 유인하기 위한, 현실에 대한 허구의 참혹한 굴복이다.

흥행에 성공한 모든 영화가 현실의 논리에 굴종한 결과물인 것은 물론 아니다. 또한, 현실과 타협하지 않는 허구란 존재하지도, 존재할 수도 없다. 문제는 항상 여기에 있다. 어느 순간에 타협하는가. 어느 지점에서 멈추어야 하는가.

이정향은 이 순간의 선택이 무엇보다 중요한 것임을 누구보다도 잘 알고 있다. 그러기에 그녀는 이 영화 내내 이러한 존재론적 질문에 집착한다. 철수와 춘희의 행복한 결말은 아마도 그녀에게는 쉽지 않은 결론이었을 것이다. 그럼에도 이 영화를 빛나게 만드는 것은 곳곳에서 드러나는 관객에 대한 믿음, 우리의 상상력에 대한 믿음 때문이다. 어찌 보면 이러한 믿음이 '영화란 무엇인가'라는 존재론적 질문에 대한 답, 영화라는 예술의 일차적인 조건이 될지도 모른다. 이정향이 〈미술관 옆 동물원〉을 통해 보여주려 하는 것은 바로 이것이다. 그녀는 영화라는 매체에 대한 자신의 신념과 애정이 무엇보다도 관객에 대한 믿음에 토대를 두고 있다고 말한다. 보는 이가 없으면 영화는 존재할 수 없다. 보고자 하는 욕망, 바라보는 자의 상상력이 없으면 영화는 한낱 빛의 유희일 뿐이다.

이정향의 첫 영화를 논의의 대상으로 삼은 것은 앞으로 그녀가 보여줄 선택에 대한 기대와 관심을 표현하기 위함이다. 우리는 그녀의 선택이 얼마나 힘들 것인가를 잘 알고 있다. 그러나 이 논의는 적어도 그녀가 현실에 대한 안이한 굴복은 피해가리라는 관객으로서의 믿음에서 출발한 것이다.

9. 재현과 현실

키아로스타미 • 〈올리브나무 사이로〉

1. 영화의 재현

압바스 키아로스타미[Abbas Kiarostami] 감독의 〈올리브 나무 사이로〉(1994)는 〈내 친구의 집은 어디인가〉(1987), 〈그래도 삶은 계속된다〉(1991)로 이어지는 코케 3부작의 완결편이다. 〈내 친구의 집은 어디인가〉는 코케에 사는 아메드가 친구 네마차데(실제로는 이 두 아이는 형제지간이다)의 숙제장을 전해주기 위해 옆 마을 포쉬테에 있는 친구 집을 찾아가는 이야기다. 1990년 발생한 이란의 대지진은 이 영화의 배경이 된 코케 지역을 파괴했다. 〈그래도 삶은 계속된다〉는 대지진 직후의 코케 모습을 담고 있다. 〈내 친구의 집은 어디인가〉에서 교사 역을 맡았던 파헤드는 아들과 함께 차를 몰고 테헤란으로 간다. 도로 복구 작업과 교통 혼란으로 길이 막히자 그는 〈내 친구의 집은 어디인가〉에서 아메드와 네마차데를 연기한 아메다푸르 형제의 생사를 확인하러 코케 지역으로 간다. 코케를 향한 여정은 폐허가 된 집들, 끊어진 도로, 고통스러운 삶의 모습을 보여준다. 3년 후 만들어진 〈올리브나무 사이로〉는 코케 여행에서 파헤드가 목격한 사건들을 영화로 재구성하는 것이 이야기의 기둥이다. 영화를 만드는 과정을 보여준다는 점에서 '영화에 대한 영화'이다.

'코케 3부작'은 대지진을 중심에 놓고 이야기가 연결되지만, 이 세 영화에서 키아로스타미가 줄곧 던지는 질문은 현실과 재현, 실제와 영화 이미지에 대한 것이다. 3부작을 마무리하면서 감독은 어떤 결론을 얻었을까? 실제와 똑같은 허구를 만들고자 하는 '사실 효과'는 영화의 탄생 이후 현재까지도 영화의 주요한 목표 중 하나다. 키아로스타미에게 현실과 그 영화적 재현은 어떤 관계에 있는가? 그에게 영화란 무엇일까?

2. 움직이는 것

움직이는 것들, 이동하는 이미지는 키아로스타미 영화의 특징이다. 키아로스타미는 왜 움직이는 것들을 영화에서 자주 보여줄까? 달리는 자동차와 언덕을 걸어가는 아이는 관객의 시선을 끈다. 〈내 친구의 집은 어디인가〉에서는 아메드의 이동을 통해 코케의 풍경과 사람들을 보여준다. 〈그래도 삶은 계속된다〉에서는 자동차의 이동을 통해 지진의 피해를 보여준다. 〈올리브나무 사이로〉의 첫 장면은 자동차의 움직임으로 시작된다. 크레딧 시퀀스가 끝나면 롱테이크의 트래킹 쇼트로 좁은 시골길을 달리는 이미지가 펼쳐진다. 이 트래킹 쇼트는 자동차의 이동에 의한 것이다. 외화면에서 들려오는 자동차 엔진 소리, 라디오 소리를 통해 관객은 움직임의 정체를 알게 된다. 3분 이상 계속되는 이 움직임을 통해 허물어진 건물들, 들판, 나무들, 가축을 몰고 가는 시골 사람들을 보여준다.

키아로스타미에게 자동차는 세상을 보여주고 다른 사람을 만나는 수단이다. 로라 멀비Laura Mulvey는 키아로스타미 영화의 특징을 "모바일 시네마 스타일"이라고 설명한다. 그는 주로 움직이는 차 안에서 영화를 촬영한다. 자동차는 실제 삶을 우연적이고 예측 불가능한 방식으로 프레임 속에 담을 수 있기 때문이다. 자동차의 움직임이 만들어내는 공간의 이동은 삶의 우연성과 만나는 방식이다. 길에서 우연히 만난 사람들과 풍경이 키아로스타미 영화의 이야기가 된다. 키아로스타미에게 삶의 우연성은 단순한 일상의 모습이 아니라 세계의 특별한 부분, 특별한 이야기를 만든다. 〈내 친구의 집은 어디인가〉에서는 아메드가 길에서 만난 사람들이 영화 이야기가 된다. 〈그리고 삶은 계속된다〉에서도 파헤드가 자동차로 이동하면서 만난 사람들의 증언과 풍경이 영화가 된다.

공간의 이동은 무엇보다 새로운 사람들을 만나게 한다. 〈그리고 삶은 계속된다〉에서 감독은 자동차를 통해 '길'이라는 모티브를 강조한다. 길은 지진으로 피해를 본 사람들을 돕고 그들에게 다가가는 수단이다. 〈올리브나무 사이로〉에서 길 위를 달리는 자동차는 다른 사람을 만나고 다른 사람과 소통하는 곳이다. 자동차를 운전하며 시바 부인은 집을 짓는 사람을 길에서 만난다. 모하메드는 지진으로 집을 잃고 숲속에서 생활하는 여인들을 만난다.

또한 자동차는 타인과 소통하는 곳이다. 호세인에게 자동차는 자신의 이야기를 할 수 있는 공간이다. 호세인은 시바 부인이 운전하는 차 안에서, 모하메드 감독이 운전하는 차에서, 그리고 짐을 실은 모하메드 감독의 자동차 짐칸에 앉아 자신의 이야기를 한다. 길이 나타나자마자 길을 사라지게 하는 달리는 자동차는 다음에 오는 프레임을 위해 재빨리 사라져야만 하는 영화 필름과도 같다. 자동차의 움직임, 영화의 움직임은 시간의 움직임과 같다. 시간이 움직인다는 것은 시간이 지나가는 것이다. 현재는 항상 지나가고 시간은 늘 변한다. 현재는 곧 과거가 된다. 자동차의 움직임에는 시간이 담겨 있다. 자신의 삶을, 자신이 살아온 시간을 이야기하기에 움직이는 자동차 안처럼 적당한 곳이 있을까?

자동차 안에서 호세인은 자신의 과거와 현재, 미래를 이야기한다. 호세인은 시바 부인이 운전하는 자동차를 타고 처음 촬영장에 가면서 영화 대사를 연습한다. 길에 벽돌이 떨어져 있어 차가 움직이지 못하지만, 호세인은 벽돌을 치우지 않는다. 벽돌공의 일이나 벽돌 나르는 일은 하지 않겠다고 말한다. 그가 이렇게 말한 이유를 관객은 모하메드 감독의 자동차 안에서 알게 된다. 호세인은 열한 살 때부터 벽돌 나르는 일을 했다고 말한다. 또한 테헤레를 좋아해 그녀의 할머니를 통해 청혼했다가 거절당한 과거도 이야기한다. 시바 부인이 운전하는 자동차 짐칸에 앉은 호세인은 감독에게 자신은 글을 읽을 수 있는 여자와 결혼할 거라고 말한다. 이처럼 세 번의 자동차 장면은 호세인의 과거와 현재, 미래의 이야기를 담고 있다. 우리는 마치 영화 속 영화처럼 호세인의 삶에 대한 한 편의 이야기를 듣게 된다. 호세인의 이야기, 호세인의 삶의 시간이 펼쳐진다는 점에서 자동차의 움직임은 공간의 이동이면서 시간의 횡단이기도 하다.

자동차의 움직임은 이미지의 차원에서도 시간을 표현한다. 움직이는 자동차 안에서 호세인이 이야기할 때 창문 밖 풍경이 빠르게 지나간다. 차 안에 있는 호세인은 마치 정지한 것처럼, 움직이지 않는 것처럼 보인다. 서 있는 나무들이나 집, 도로 같은 창문 밖 사물들은 마치 움직이는 것 같다. 움직이는 시점은 움직이지 않는 것들도 움직이는 이미지로 만든다. 움직임은 시간을 표현하는 방법이다. 볼 수도 만질 수도 없는 시간을 지각할 수 있게 해준다. 삶의 시간을 이야기하는 호세인은 정지한 듯 앉아 있지만 지나가는 창밖의 풍경은 시간처럼 흐른다.

자동차 창문 프레임 안에 있는 백미러를 보여주는 쇼트는 시간의 본성을 훌륭하게 은유한다. 영화 시작 부분에서 시바 부인은 화분을 들고 오는 아메다푸르 형제를 길에서 만난다. 이들을 만나기 전 카메라는 자동차의 창문을 통해 길을 보여준다. 자동차 뒤쪽을 비추는 백미러는 지나온 길을 보여준다. 창문 밖으로 지나가는 길과 백미러 속의 지나온 길이 동시에 보인다. 지나가는 길과 지나온 길을 보여주는 이 쇼트에는 현재와 과거가 함께 담겨 있다. 미래로 달려가면서 과거로 침잠하는 현재의 모습, 시간의 본질을 잘 표현한 쇼트이다. 시간은 이런 식으로 분열하는 것이다.

아메다푸르 형제를 이러한 시간 이미지 속에서 보여주는 것은 우연이 아니다. 한참 동안 창문 밖 풍경을 보여주며 달리던 자동차는 갑자기 뒤로 움직인다. 마치 과거로 시간이 거슬러가듯 자동차는 이미 지나쳐 온 길을 천천히 되돌아간다. 뒤로 가던 자동차가 멈추자 한 남자아이의 얼굴이 창문에 나타난다. 우리는 그의 얼굴을 차창 프레임 안에서 그리고 백미러 안에서 동시에 볼 수 있다. 이어 다른 아이가 나타나 이 프레임 안에 얼굴이 보인다.

자동차의 창문과 백미러 속에 동시에 등장하는 아메다푸르 형제는 이들의 과거 시간을 떠올리면 의미가 분명해진다. 이 형제는 단지 〈올리브나무 사이로〉라는 영화를 찍는 데 필요한 화분을 가져온 동네 아이들이 아니다. 아메드푸르 형제는 〈내 친구의 집은 어디인가〉에서 공책을 돌려주기 위해 친구 집을 찾아가는 아메드와 아메드의 친구인 네마다치의 역을 연기했다. 7년 전 어린아이의 모습은 사라졌지만 그들의 얼굴에는 과거의 흔적이 남아 있다. 키아로스타미는 이들의 모습에서 관객이 7년이라는 시간의 흐름을 발견하기를 원한다.

영화의 본질은 움직이는 이미지이다. 카메라의 움직임이 없다 해도 영화 이미지는 그 안에 1초에 24프레임의 움직임을 담고 있다. 시간의 개념을 담고 있는 영화 이미지처럼 〈올리브나무 사이로〉에서 자동차의 움직임이 만들어내는 이미지는 시간을 표현한다. 영화의 처음, 앞으로 나가는 트래킹 쇼트의 외화면에서 들리는 라디오 소리가 '오늘은 일요일입니다. 코라드 달의 아홉 번째 날, 헤지라 일력으로 1372년'이라며 시간을 알려주는 것도 이러한 이유 때문이다. 자동차의 움직임을 통해 감독은 우리에게 시간 그 자체를 보여주고자 한다. 시간을 재현하는 것이 아니라 시간을 지각하게 하는 것, 그것은 영화를 지각하게 하는 것, 영화라는 실제를 보여주는 것이다.

3. 반복, 시간의 흐름

반복은 키아로스타미 영화의 또 다른 특징이다. 키아로스타미는 행위와 주제의 반복이 가져올 수도 있는 권태로움을 두려워하지 않는다. 오히려 변주곡의 효과처럼 주제의 반복과 변주가 만들어내는 즐거움을 찾으려 한다. 키아로스타미에게는 기·승·전·결로 연결되는 단선적인 서사가 만들어내는 역동성은 중요하지 않다. 그는 변주에 의해 다시 등장하는 요소들, 편집을 통해 연출되는 음악적인 체계와 같은 이야기를 좋아한다.

숨은그림찾기나 복잡한 퍼즐처럼 〈올리브나무 사이로〉의 반복과 변주는 여러 층위에서 관객의 시선을 기다리고 있다. 코케 3부작의 완결편인 이 작품에는 이전의 두 영화 〈내 친구의 집은 어디인가〉와 〈그래도 삶은 계속된다〉가 반복된다. 〈그래도 삶은 계속된다〉는 〈내 친구의 집은 어디인가〉에 출연한 아이들을 찾아 나서는 내용이다. 〈올리브나무 사이로〉는 〈그래도 삶은 계속된다〉

의 이야기를 재구성하고자 한다. 코케 3부작 각각은 이전 영화를 반복하며 영화의 주제를 표현한다. 감독은 반복되는 세 연작을 통해 완결된 영화가 만들어내는 완벽한 허구성보다 영화의 불완전한 구성을 즐긴다. 알랭 베르갈라Alain Bergala는 키아로스타미 영화의 이러한 미학을 "시작하지 않으면서 시작하고, 끝나지 않으면서 끝난다."라고 표현한다. 키아로스타미에게 영화는 재현의 이미지가 아니다. 그렇기에 그가 만드는 영화는 하나의 완결된 세계가 될 수 없다.

반복과 변주는 시간의 흐름을 보여준다. 3년과 4년이라는 시차를 두고 만들어진 영화들은 이전의 영화를 반복하면서 공간의 변화, 인물의 변화를 보여준다. 공간과 인물의 반복적인 등장은 시간의 이행과 변화를 알 수 있게 하는 지표이다. 〈그리고 삶은 계속된다〉에서 보았던 신혼부부의 집은 〈올리브나무 사이로〉에서는 촬영 중인 영화의 공간으로 다시 등장한다. 부서진 벽, 지진의 흔적이 있는 집, 이곳에서 다른 인물이 연기하면서 공간은 반복되고 변주된다. 동일한 공간에 다른 시간이 겹쳐지는 것이다.

올리브나무 숲속으로 난 길도 거듭 등장한다. 올리브나무 숲속에서 호세인은 타헤레 할머니에게 손녀와의 결혼을 허락해 달라고 말한다. 할머니는 호세인이 글도 모르고 집도 없다는 이유로 결혼을 승낙하지 않았다. 할머니를 따라가며 걸었던 올리브나무 사이의 길을 호세인은 영화의 끝에서 다시 걷는다. 이번에는 타헤레에게 직접 구애하며 그녀를 따라 올리브나무 숲길을 통과한다. 〈내 친구의 집은 어디인가〉에서 아메드가 여러 번 지나간 것과 같은 지그재그로 된 언덕길도 다시 등장한다. 타헤레는 호세인에게 눈길도 주지 않고 이 언덕길을 바쁘게 걸어간다. 호세인도 그녀를 따라 언덕길을 뛰어간다.

키아로스타미 영화에 반복적으로 등장하는 올리브나무 숲과 지그재그로 된 언덕길이 같은 공간인지 우리는 알 수 없다. 동일한 공간이 아니더라도 상관없다. 감독에게 중요한 것은 공간의 반복을 통해 영화에 대한 관객의 기억을 만들어내는 일이다. 이전 영화의 이야기 시간과 현재 영화의 시간이 관객의 기억 속에서 만나는 것이다. 〈내 친구의 집은 어디인가〉의 두 아이는 훌쩍 큰 모습으로 다시 등장하고, 그들을 가르쳤던 교사는 촬영 중인 영화 속에서 감독 역할을 맡아 재등장한다. "몸은 흘러가는 시간의 공간적 기호이다." 인간의 몸은 매 순간 지나가는 시간을 흔적으로 모으며 눈으로 볼 수 없는 추상적인 시간을 구현한다. 영화에는 모두 세 명의 감독이 나온다. 영화 속 영화의 감독 역을 맡은 파헤드와 그 영화를 감독하는 모하메드, 여기에 이 영화를 만든 진짜 감독인 키아로스타미의 모습도 호세인의 회상 장면에서 짧게 등장한다. 감독의 모습과 역할이 반복되고 변주되는 것은 '코케 3부작' 영화를 통과한 시간의 흔적을 보여주는 장치이다.

〈올리브나무 사이로〉에서 가장 중요한 반복은 호세인과 테헤레의 연기이다. 이들은 영화 촬영을 위해 같은 장면을 여러 번 연기한다. 대사를 제대로 말하지 못해, 혹은 대사가 틀려 여러 번 같은 연기가 반복된다. 같은 장면은 반복되지만 변주된다. 호세인은 권위적인 남편의 역을, 테헤레는 순종적인 아내의 역을 연기한다. 그러나 현실에서 이들의 성격은 전혀 다르다. 호세인이 테헤레를 좋아하는 이유는 글을 읽을 줄 알기 때문이다. 호세인은 결혼해서도 테헤레가 학교를 계속 다녀도 좋다고 생각한다. 테헤레는 배역에 맞지 않지만 예쁜 옷을 입고 싶어 조감독과 언쟁을 할 정도로 자기주장이 강하다.

반복되는, 그러나 차이를 보여주는 이들의 연기는 변화를 끌어낸다. 연기가 반복될수록 호세인은 자신의 이야기를 더 많이 한다. 호세인은 자기 성격과 전혀 다른 인물을 연기하면서 자신을 객관적으로 볼 수 있게 된다. 호세인은 연기를 하며, 즉 거짓을 말하며 진실을 찾게 된다. 호세인이 타헤레에게 자신은 영화 속 남자와 다르다고 이야기하는 순간부터 그는 실제적인 것과 허구적인 것, 주관적인 것과 객관적인 것을 뒤섞으며, 자신을 '타자'로 생각하면서 한 상태에서 다른 상태로 변화한다. 호세인은 거짓 (영화 속 연기)을 통해 새로운 이야기를 만드는 사람, 진실을 이야기하는 사람이 된다. 〈올리브나무 사이로〉에서 보여주는 영화 촬영의 반복과 변주는 변화와 생성을 만드는 장치이다. 이것은 호세인을, 그리고 영화 전체를 새로운 이야기로 이끄는 힘이 된다.

4. 재현할 수 없는 현실

〈올리브나무 사이로〉는 크레딧 시퀀스 전에 프롤로그를 배치한다. 프롤로그는 독특한 방식으로 시작한다. 영화 속에서 감독

역을 맡은 인물이 자신을 소개하며 영화가 시작된다. 한 남자가 카메라를 정면으로 보면서 '저는 감독 역을 맡은 모하메드 케사바레즈입니다'라고 말한다. 다른 배우들은 현지 캐스팅되었으며, 코케라는 지역에서 영화를 촬영할 것이라고 설명한다. 이어 젊은 여자들을 캐스팅하는 장면이 이어지고 크레딧 시퀀스가 시작된다.

이 영화는 처음부터 영화에 대한 영화임을 거리낌 없이 알려준다. 영화 촬영이 시작되면, 더 정확히 말해 영화가 시작되면 또 다른 혼란이 생긴다. 서사는 사라지고 영화를 만드는 과정과 키아로스타미 감독의 이전 영화에 대한 인용이 전체 내용을 채운다. 〈올리브나무 사이로〉에서 촬영되는 영화는 감독의 이전 영화 〈그리고 삶은 계속된다〉의 한 장면을 재현하는 것이다.

〈올리브나무 사이로〉가 보여주는 '영화에 대한 영화'를 로라 멀비는 "재현의 트라우마를 다시 만들어 보려는 시도"라고 설명한다. 〈내 친구의 집은 어디인가〉를 촬영한 코케 지역을 덮친 대지진의 충격은 키아로스타미에게 현실과 재현의 문제를 다시 생각해 보게 만든다. 〈그리고 삶은 계속된다〉에서 감독은 비극은 재현할 수 없는 것, 흔적과 증언으로만 표현할 수 있는 것임을 알려준다. 그렇다면 영화는 무엇을 할 수 있을까? 영화적 재현은 더 이상 현실인 척할 수 없다. 키아로스타미에게 영화 이미지는 현실을 재현한다는 환상을 버리고 영화 그 자체가 하나의 현실이 되어야 한다. 키아로스타미 감독이 〈올리브나무 사이로〉에서 과거 사건의 재구성을 보여주려고 한 것은 재현이 불가능한 것처럼 기억의 재구성 또한 가능하지 않다는 점을 알려주기 위해서다. 촬영이 진행될수록 감독 모하메드는 자신이 만들고 있는 영화보다 호세인과 타헤레의 이야기에 관심을 보인다.

〈올리브나무 사이로〉에서는 영화를 촬영하는 장면이 모두 다섯 번 등장한다. 지진이 일어난 다음 날 결혼식을 한 부부의 이야기는 세 장면으로 네 번 촬영된다. 다른 하나는 호세인의 과거 회상 속에 등장하는 촬영 장면이다. 현재 만들고 있는 영화가 아니라 이미 만들어진, 〈그리고 삶은 계속된다〉의 한 장면을 촬영하는 모습이다. 즉 현재 만드는 과정 중인 영화 장면이 네 번, 이미 만들어진 영화를 촬영하는 장면이 한 번 등장한다.

그러나 만들어지는 중인 영화 역시 과거의 영화와 무관하지 않다. 〈그리고 삶은 계속된다〉에서 이미 보았던 장면이기 때문이다. 같은 공간, 같은 대사, 동일한 장면 연출로 과거의 이미지를 재현한다. 첫 번째 촬영은 여자에게 말을 건네지 못하는 남자 배우 때문에 중단된다. 호세인이 대신 배역을 맡아 세 장면의 촬영이 이루어진다. 세 장면 모두 여러 이유로 몇 차례 촬영이 반복된다.

스크립보드가 등장하고, 영화의 시작을 알리는 조감독 시바 부인의 음성이 들리면 영화 촬영이 시작된다. 이 이미지에서 영화 속 영화와 영화 밖의 현실을 구분해 주는 것은 아무것도 없다. 프레임 속의 프레임도, 이미지의 색이나 결을 통해서도 우리는 영화 속 영화와 영화를 촬영하는 세계의 차이를 알 수 없다. 재현된 이미지와 현실의 세계는 동일하게 제시된다. 영화 촬영을 알리는 스크립보드와 화면 밖에서 '컷'이라고 외치며 촬영 중지를 알리는 감독의 목소리만이 두 세계의 경계를 알려주는 장치이다.

영화를 촬영하는 장면은 쇼트와 역쇼트로 이루어져 있는 것처럼 보인다. 영화 속 장면이 정지되면 이들, 촬영하는 감독과 스텝들의 모습이 담긴 쇼트로 바뀐다. 보여지는 대상과 보는 사람의 관계라 할 수 있는 이 두 쇼트는 그러나 단순하지 않다. 두 번째 쇼트에 있는 카메라가 우리가 본 영화 속 영화의 장면을 촬영한 것이라면, 이들, 즉 감독인 모하메드와 촬영 팀을 보여주는 카메라는 누구의 시점인가? 파헤드의 시선인가? 호세인의 시선인가?

호세인을 처음 촬영하는 장면에서 감독이 있는 공간을 보여주는 카메라 시점은 더욱 모호하게 표현된다. 호세인이 연기를 하며 타헤레에게 자신의 말을 하기 시작할 때부터, 타헤레에게 사랑의 고백을 시작하면서부터 카메라의 시선은 바뀐다. 이 시선은 영화 속 영화에서 감독 역을 맡은 파헤드의 등 뒤에서 맞은편 공간, 감독과 스텝이 있는 공간을 보여준다. 이 시선은 누구에게도 속하지 않은 시점, 카메라의 자의식적인 시점이다. 카메라가 독립된 관찰자로 스스로의 현존을 드러내는 이러한 시선은 영화 속 공간에도 속하지 않고 현실에도 속하지 않는 이중적인 프레임을 만든다.

촬영이 진행될수록 카메라의 자의식적인 시선은 더욱 분명하고 빈번하게 등장한다. 호세인은 촬영이 중단된 시간을 이용해 타헤레에게 청혼을 한다. 호세인이 타헤레에게 영화 속 대사가 아닌 자신의 말을 건네는 쇼트에서 함께 있는 두 사람의 모습이 처음으로 한 프레임에 잡힌다. 영화 촬영 장면에서 타헤레는 소리로만 존재한다. 집의 2층에서 호세인과 대화하는 목소리로만 출연하는 것이다. 해가 사라져 촬영을 잠시 쉬는 동안 카메라는 2층 테라스에 앉아 있는 타헤레와 그 옆에 서 있는 호세인을 비춘다. 이 카메라는 더는 영화 속 감독 모하메드의 카메라 시선이 아니다. 왜냐하면 촬영을 준비하는 사람들의 목소리가 외화면에서 들려오기 때문이다.

두 사람을 둘러싸고 있는 화면 밖의 소리는 서로 다른 두 세계를 구성한다. 이 쇼트에는 연기하는 타헤레와 호세인, 현실의 타헤레와 호세인 두 세계가 공존한다. 타헤레에게 진심을 전하고 싶은 호세인의 갈등을 이처럼 잘 표현할 수 있을까? 호세인은 영화 속 남자처럼 타헤레와 결혼하고 싶지만 현실은 그렇지 못하다. 호세인은 영화 속 남자가 부럽지만 그 남자와 자신은 다르다. 호세인은 부인을 함부로 대하는 영화 속 남자와 자신은 다르다고 말하며 타헤레에게 고백한다. "영화 속 인물을 나라고 생각하지 말아 줘, 그건 내가 아니니까." 이렇게 말하는 호세인의 목소리를 여전히 외화면의 소리, 촬영을 준비하는 스텝들의 소리가 둘러싼다. 소리의 차원에 다시 한 번 이중의 프레임을 만드는 것이다.

호세인이 사랑을 고백하는 이 쇼트는 정지된 화면의 롱테이크로 표현된다. 카메라는 움직이지 않는 관찰자처럼 이들을 바라본다. 이미지와 연결된 호세인의 고백을 외화면의 촬영 스텝들의 소리가 둘러싸면서 또 다른 분화가 이루어진다. 호세인의 고백을 관찰하는 자의식적인 카메라 시선 옆에서 관객은 청각적인 관찰자가 되어야 한다. 이미지는 호세인과 테헤레만을 보여주지만, 화면에 속한 호세인의 소리와 외화면의 영화 촬영팀의 소리가 뒤섞여 관객은 호세인의 고백을 주의 깊게 들어야 한다. 관객의 능동적인 참여만이 이미지와 소리의 어긋난 관계를 연결하고 이 관계의 의미를 찾아낼 수 있다.

호세인의 고백은 외화면에서 영화 촬영이 다시 시작된다는 것을 알리는 조감독의 목소리로 끝난다. 호세인은 영화 속 남편의 대사를 말한다. 화면은 바뀌지 않지만, 관객은 사랑을 고백하던 호세인이 부인에게 큰소리를 치는 남편으로 바뀌는 것을 본다. 영화를 찍는 마호메드 감독도, 연기를 하는 파헤드도, 조감독 시바도 보지 못한 호세인의 고백과 변화를 보는 것은 관객뿐이다. 이전의 촬영에서 소리만으로 존재했던 두 사람의 연기를 이미지로 연결할 수 있는 것도 관객뿐이다.

또다시 영화 촬영이 중단되자 호세인은 테헤레에게 사랑을 고백할 수 있는 시간을 갖게 된다. 영화가 진행될수록 호세인이 고백하는 시간, 현실의 호세인과 타헤레를 보여주는 카메라의 시선이 길어진다. 키아로스타미가 우리에게 진정으로 보여주고 싶은 것은 영화의 촬영 과정이 아니라 호세인과 타헤레의 이야기가 아닐까? 영화의 끝에는 호세인과 타헤레만 남는다. 집으로 돌아가는 타헤레를 쫓아가면서 호세인의 사랑 고백이 이어진다. 호세인의 구애는 올리브나무 숲길을 지나고 지그재그로 이어지는 언덕길을 올라갔다 내려올 때까지, 다시 올리브나무 사이로 들어가 빠져나올 때까지 계속된다.

〈그래도 삶은 계속된다〉를 다시 찍는 영화의 촬영은 어떻게 끝났는지 알 수 없다. 〈올리브나무 사이로〉는 영화를 촬영하는 장면에서 시작해 호세인과 타헤레의 이야기, 호세인의 사랑 고백을 보여주며 끝이 난다. 키아로스타미에게 영화란 현실을 재현하는 것이 아니다. 영화는 현실을 재현할 수 없다. 삶이란 다른 어떤 것이 대신할 수도, 다른 어떤 상징으로 표현할 수도, 재현할 수도 없기 때문이다. 삶이란 그냥 우리 눈앞에 있는 것이다.

5. 현실과 영화

영화는 호세인과 타헤레의 모습으로 끝난다. 호세인은 이제 자신의 이야기를 시작했기 때문이다. 모하메드 감독은 호세인에게 차에 자리가 없다고 하면서 걸어가는 타헤레를 쫓아가게 한다. 타헤레의 뒤를 따라가면서 청혼을 하는 호세인의 모습이 롱테이크의 트래킹 쇼트로 이어진다. 진실하고 순박한 사랑의 고백은 이 영화의 어느 장면보다도 아름답고 흥미롭다. 그러기에 카메라는 이들의 모습을 놓치지 않고 한참 동안 따라간다.

사랑을 고백하는 장면에서 흥미로운 것은 감독 모하메드의 시선이다. 두 사람이 올리브 숲을 지나 지그재그로 된 언덕길을 오르려 할 때 나무 사이에서 두 사람을 지켜보는 감독의 모습이 등장한다. 키아로스타미는 왜 이 모습을 보여주려고 했을까? 그는 기억을 재구성하는 영화보다 호세인의 이야기에 관심을 보이는 감독의 시선을 표현하고 싶었다. 감독의 시선을 통해, 영화의 마지막에 익스트림 롱쇼트의 롱테이크로 촬영된 호세인과 타헤레를 관객에게 보여준다. 아주 멀리, 올리브나무 사이를 빠져나오는 두 사람은 두 개의 점처럼 흐릿하게 보인다. 타혜레를 뒤따라가던 호세인이 갑자기 우리 쪽으로 뛰어 돌아온다. 너무 멀리 있어 두 사람 사이에 무슨 말이 오갔는지는 알 수 없다. 빨라지는 음악과 뛰어오는 모습으로 보아 아마도 호세인은 타혜레에게서 바라던 답을 얻었으리라 추측할 뿐이다. 나무 뒤에서 이들을 지켜보는 감독의 시선은 바로 영화에 대한 키아로스타미 감독의 시선이다.

영화는 분명한 것도 투명한 것도 아니다. 영화의 끝은 모호하고 흐릿한 이미지이지만, 관객에게 영화라는 실제를 보여준다. 왜냐하면, 관객은 오랜 시간 이들을 지켜보아야만 하기 때문이다. "영화를 보고 있다는 의식을 관객이 지각하게 하는 것", 이것이 키아로스타미가 영화를 만드는 목적이다. 그는 이렇게 말한다. "다큐멘터리든 허구 영화이든 모든 영화는 거짓말이다. 영화는 이미지를 진짜인 것처럼 믿게 하기 때문이다…. 더 큰 진실에 다가서기 위해서는 거짓말을 늘어놓아야 한다…. 이것이 중요하다. 모든 것은 전적으로 거짓말이고, 어떤 것도 실제적이지 않다. 그러나 모든 것은 진실을 암시한다." 키아로스타미에게 진실이란 영화로 만들어진 현실, 영화의 현실일 뿐이다.

10. 관객, 스크린, 영화

우디 앨런 • 〈카이로의 붉은 장미〉

1. 극장, 도시의 섬

우리는 영화를 보기 위해 줄을 서고, 표를 사고, 극장에 들어간다. 극장은 도시 한가운데 있는 섬, 스스로를 고립시키기 위해 찾아가는 섬이다. 영화를 보러 극장을 간다는 것은 잠시 현실에서 벗어나는 것, 스스로를 유배시키고 정해진 시간과 공간 속에 자신을 가두는 일이다. 우디 앨런의 〈카이로의 붉은 장미The Purple Rose of Cairo〉(1985)는 영화와 관객에 대해 이야기한다.

이 영화는 영화를 보는 관객, 우리 자신의 모습, 영화를 보기 위해 조금 전에 우리가 한 행동을 그대로 재현한다. 주인공 세실리아가 '카이로의 붉은 장미'라는 영화의 포스터를 보는 장면으로 이 영화는 시작된다. 그리고 조금 후 세실리아는 극장 앞에서 표를 사서 극장에 들어간다. 팝콘을 산 세실리아는 어두운 동굴 속, 빛이 유혹하는 그 컴컴한 동굴 속으로 들어가 자리를 잡는다. 영화가 시작되면 관객은 빛의 유령에게 홀려 정신을 온전히 내어주고 그 유령들이 사라지면 자리에서 일어나 집으로 돌아온다.

〈카이로의 붉은 장미〉에서 세실리아가 찾는 극장의 이름이 '보석The Jewel'인 것은 상징적이다. 1930년대 공황기 미국에서 실업과 궁핍으로 지친 사람들에게 극장은 보석 같은 존재이다. 식당 종업원으로 일하는 세실리아에게 영화를 보는 일은 삶의 유일한 즐거움이다. 실업자인 남편 몽크는 일할 생각도 안 하고 바람을 피우며 부인에게 얹혀산다. 세실리아에게 극장 '보석'은 안식처이다. 낮에 보는 극장과 환하고 번쩍이는 조명 아래 놓인 밤의 극장은 전혀 다른 모습이다. 낮의 극장은 황폐한 도시의 모습, 허름한 식당에서 일하는 세실리아처럼 초라하다. 그러나 밤의 어두움 속에서 환한 불빛으로 장식된 극장은 낮의 초라함을 완전히 지운 화려한 모습, 보석 그 자체이다. 어두움은 황폐함과 초라함을 지우고 빛을 더욱 밝고 아름답게 만든다.

어두움은 영화의 조건이다. 어두움이 지우는 것은 공간만이 아니다. 영화를 존재하게 하는 모든 것들, 스크린, 극장의 의자와 같은 물리적인 조건들 그리고 영화를 보는 관객까지도 지워버린다. 어두움은 영화라는 새로운 세계를 위해 모든 것들을 지운다. 영화를 보기 위해서 관객은 빛을 내뿜는 영사기의 존재와 관객의 머리 위로 날아다니는 빛의 다발들을 잊어야 한다. 어둠 속에서 지워지는 것, 그것은 '망각'이다. 망각만이 스크린이 전해주는 세계를 온전히 관객의 것으로 만들 수 있게 한다. 그리고 무엇보다도 관객의 존재를 망각 속으로 밀어 넣어야 한다. 영화를 보기 위한 첫째 조건, 관객이 되기 위한 첫 조건은 '망각'이다.

영화는 관객이 자신을 지우는 작업으로 시작된다. 영화가 시작되면 대화가 금지되고, 자신의 존재조차 잊어야 한다. 영화 앞에서는 관객 각자가 지닌 사회적인 조건, 현실적인 조건들은 아무런 문제가 안 된다. 영화의 어두움이 우리의 '익명성'을 보장한다고 바르트가 말하는 의미가 여기에 있다. 영화 앞에서 모든 이들은 평등하다. 자신의 존재를 망각하고 영화가 보여주는 재현의 세계에 집중할 때에만 관객은 영화를 볼 수 있기 때문이다.

사람들은 자신을 잊기 위해, 현실을 잊기 위해 극장을 찾는다. 세실리아에게 영화는 현실의 괴로움을 잊게 하는 마약과도 같다. 남편과 다투고 집을 나선 그녀는 불 꺼진 극장 앞을 서성거린다. 식당에서 해고당해 울면서 찾아간 곳도 극장이다. 할리우드에 함께 가자고 그녀를 유혹한 길 셰퍼드가 자신을 기만했다는 사실을 알고 난 후에도 찾아갈 곳은 극장밖에 없다. 〈카이로의 붉은 장미〉는 극장 앞을 서성거리는 세실리아의 모습으로 시작해, 극장 안에서 넋을 잃고 영화를 보는 세실리아의 모습으로 끝난다.

진정한 관객은 세실리아처럼 맹목적이어야 한다. 적어도 영화를 보는 순간에는 영화가 모든 것이어야 한다. 강물의 범람이 모든 것을 덮어버리듯, 관객이 영화를 보는 순간 영화는 현실을 뒤덮어야 한다. '맹목'만이 우리에게 영화의 즐거움을 만들어준다.

극장의 불이 꺼지고 하얀 스크린 위로 빛이 쏟아지면 관객은 그 빛이 만들어내는 환영, 움직이는 빛의 이미지에 시선을 모은다. 극장 '보석'에 모인 관객들은 마치 옛날이야기를 듣기 위해 얌전히 앉아 있는 어린아이처럼 정면을 응시한 채, 스크린에 온 정신을 기울인다. 자신을 지우고 공간을 지우고 시간을 지우면서 스크린 위에서 관객이 보고자 하는 것은 무엇인가? 영화를 보는 우리의 욕망은 무엇인가?

2. 뫼비우스의 띠

스크린 위에서 관객이 보는 영화 이미지는 어떤 것인가? 그것은 이미 포착된 이미지, 카메라에 붙잡혀 사각의 틀 속에 갇힌 이미지들이다. 그것은 관객의 시선을 끌기 위해 먼저 카메라가 붙잡은 것들이다. 그러므로 영화를 본다는 것은 관객의 시선보다 선행한 카메라의 시선에 눈길을 맞추는 작업이다. 카메라가 보여주는 것, 카메라의 눈길을 쫓을 때만 관객은 스크린 위의 이미지들을 포착할 수 있다. 관객의 눈과 카메라의 눈이 맞춰지면 영화 속의 이미지들은 이내 관객의 것이 된다. 관객은 이제 자신이 그 이미지가 되려 한다. 쾌락을 위해 메피스토에게 영혼을 내준 파우스트처럼 관객은 스크린에 정신을 내어주고 자신의 전부를 맡긴다.

가난한 세실리아는 상류 사회의 주인공들, 스크린 위의 화려한 세계 속의 인물들과 자신을 동일시한다. 그들과 함께 카이로로 여행을 가고, 맨해튼의 코파카바나 클럽에서 쇼를 보면서 시간을 보낸다. 관객을 이끄는 영화의 본질은 여기에 있다. 허구의 세계에서는 현실에서 이루지 못한 것들이 무궁무진 펼쳐질 수 있기 때문이다. 그것이 행복한 경험이든, 달콤한 경험이든 혹은 기괴하거나 참혹하거나, 슬프거나 우울한 경험이든 간에.

영화가 삶의 모든 것을 지배하는, 영화가 현실보다도 우위를 차지하는 세실리아는 맹목적인 관객, 그러나 완벽하고 훌륭한 관객이다. 우리는 세실리아와 함께 '카이로의 붉은 장미'라는 영화를 본다. 이 '영화 속의 영화'는 우리에게 다양한 방식으로 제시된다. 극장 안의 조명이 꺼지면 영사기의 불이 켜지고 앞을 보는 관객의 머리 위로 멀리 영화 '카이로의 붉은 장미'가 시작된다. 극장에 있는 관객과 그들이 보고 있는 영화가, 화면 안의 세계와 화면 밖의 세계가 동시에 전달된다. 영화는 세실리아가 사는 대공황기 뉴저지의 궁핍한 삶과 세실리아가 보고 있는 영화 속 상류 사회의 화려한 모습을 동시에 담고 있다. 현실의 모습은 컬러로, 영화 속 영화는 흑백으로 표현된다. 한 프레임 안에 흑백과 컬러 영상이 공존한다. 이것은 허구와 현실을 동시에 제시하는 것, 중첩한 두 세계를 보여주는 것이다. 현실과 허구의 중첩 구조는 〈카이로의 붉은 장미〉의 주제이자 형식이며, 이 영화의 본질이다. 영화는 여러 장치를 통해 허구와 현실의 연결, 중첩의 구조를 보여준다.

영화의 제목은 현실과 허구를 연결하는 장치이다. 〈카이로의 붉은 장미〉라는 제목은 우선은 실제의 관객인 우리가 보는 영화, 우디 앨런이 만든 영화를 나타낸다. 이 제목은 또한 세실리아가 극장 '보석'에서 보는 영화이기도 하다. 하나의 제목이 두 세계를,

현실의 영화와 허구 속의 영화를 동시에 표현한다.

크레딧 시퀀스의 배경음악도 허구와 현실을 연결한다. 허구의 세계로, 세실리아의 이야기 속으로 들어가기 전 크레딧 시퀀스에서 남자가 노래하는 경쾌한 음악이 깔린다. 이 음악의 출처가 무엇인지 관객이 알게 되는 것은 영화의 마지막에서다. 영화 속 영화 '카이로의 붉은 장미'가 극장에서 간판을 내린 다음 새 영화로 '톱 햇Top Hat'이 상영된다. 길 셰퍼드의 배신으로 슬픔에 잠긴 세실리아는 영화를 보러 극장에 간다. 스크린에는 프레드 아스테어와 진저 로저스의 경쾌한 춤과 노래가 나온다. 크레딧 시퀀스에서 관객이 이미 들은 이 노래는 영화 속 영화 '톱 햇'의 한 장면에서 흘러나온다. 영화의 앞과 뒤를 감싸는 이 음악은 마치 뫼비우스의 띠처럼 서로 다른 층위에 속한 것들을 연결한다. 하나의 음악이 영화의 안과 밖 현실과 허구를 연결한다. 하나의 음악 속에 두 세계가 연결되어 있다. 세실리아를 연기한 배우 미아 패로우의 실제 동생인 스테파니 패로우가 레스토랑에서 세실리아와 같이 일하는 동생 역을 연기한다. 배우 스테파니 패로우는 허구와 현실을 연결하는 또 다른 장치이다.

영화 속의 영화는 아무런 표시 없이 관객에게 제시되기도 한다. 프레임 안의 프레임, 극장 '보석' 안의 어두움이 만들었던 영화의 틀은 이내 사라지고 화면에는 흑백으로 된 영화, '카이로의 붉은 장미'가 프레임을 가득 채운다. 현실과 허구를 가르는 틀이 제거되면 관객의 시선은 세실리아의 시선, 영화 속 관객의 시선과 일치하게 된다. 영화의 장면과 영화를 바라보는 관객의 모습, 영화와 세실리아의 모습을 쇼트-역쇼트로 보여주는 것은 상징적이다. 그것은 영화와 영화를 둘러싼 세계, 화면과 외화면, 더 나아가 현실과 허구를 동시에 제시하는 또 다른 장치이다. 외화면의 소리는 서로 다른 두 세계를 연결하는 역할을 한다. 영화 속의 영화가 제시될 때 관객의 웃음소리가 그 이미지를 감싼다. 반대로 관객의 진지한 모습, 온 정신을 모으고 영화를 바라보는 모습이 역쇼트로 제시될 때, 소리는 영화 속의 영화에서 흘러나온다. 관객의 모습을 영화 속의 사운드가 감싼다. 소리와 이미지는 이처럼 서로 어긋나면서 허구와 현실의 공존을, 중첩을 표현한다.

3. 두 번의 키스

현실과 허구의 연결, 두 세계의 중첩을 가장 함축적으로 표현하는 것은 세실리아라는 인물이다. 세실리아는 현실과 허구의 특징을 동시에 지닌 존재이다. 영화 속 영화, '카이로의 붉은 장미'의 주인공인 톰 박스터는 자신을 바라보는 세실리아의 시선에 끌려 스크린 밖으로, 즉 허구에서 현실로 나온다. 톰 박스터를 연기한 실제의 배우 길 셰퍼드도 세실리아 앞에 등장한다. 세실리아를 둘러싼 톰 박스터와 길 셰퍼드의 관계는 스크린에 의해 나누어지는 두 세계, 허구와 현실을 둘러싼 문제와 연결된다.

'완벽한' 관객인 세실리아는 톰과 길 사이에 있는 스크린과 같은 존재, 영화 세계의 이쪽과 저쪽을 연결하는 막, '접면(接面)'이다. 영화라는 허구 세계와 관객을 둘러싼 현실, 이 두 세계는 결국 관객의 몸에 의해서만 연결되는 것이 아닌가. 톰과 길에 대하여 맺는 관계에서 세실리아는 현실과 허구, 두 세계의 성격을 동시에 갖고 있다. 누구와 함께 있는가에 따라 그녀의 모습은 다르게 표현된다. 그런데 실은 그녀가 만난 두 인물, 톰과 길 역시 결국은 하나 속의 둘, 둘로 나뉜 하나가 아닌가? 허구와 현실이라는 두 세계와의 관계에서 그리고 두 인물과의 관계에서 세실리아의 욕망은, 영화를 보는 관객은 어떤 모습으로 나타나는가?

톰 박스터는 영화 속 인물이다. 그는 자신을 바라보는 세실리아의 시선에 이끌려 영화 밖으로 나온다. 영화를 보는 관객의 눈길, 바라보는 그 힘이, 스크린의 문턱을 넘게 한 것이다. 톰 박스터가 그 문턱을 넘은 것이 아니다. 톰에게는 그럴 힘이 없다. 세실리아가 그를 넘어오게 한 것이다. 왜냐하면, 다른 영화 속의 인물들도 스크린을 넘어 현실로 나오고 싶어 하지만, 스크린 밖으로 나오지 못하기 때문이다. 디디-위베르망Didi-Huberman의 표현을 빌리면, 이미지라는 열려 있으면서 동시에 닫힌 공간, 마치 문턱과도 같은 이미지의 공간 그 너머로 무엇인가를 볼 수 있는 자는 '믿음이 있는 자'여야 하기 때문이다. 스크린을 벗어나는 톰은, 스크린 저 너머로까지 무언가를 보려고 한 세실리아의 창조물, 그녀의 상상과 믿음의 창조물이다. 시선의 힘이 만들어낸 창조물이다.

영화에서 현실의 세계로 넘어온 톰은 세실리아와 함께 멋진 식당에서 식사도 하고 춤도 추고 키스도 나눈다. 톰은 세실리아에게 사랑을 고백한다. 톰 박스터와의 관계에서 세실리아는 현실의 편에 선다. 현실에서는 몽상적이고 영화적인 세실리아지만 허구 세계에서 뛰쳐나온 톰과 함께 있을 때는 지극히 현실적인 인물이 된다. 톰이 상상의 세계, 허구의 세계에 속한 존재라면, 세실리아는 현실의 세계에 있다. 영화에 빠져서 영화 이야기만 하다가 결국은 식당 종업원 자리도 잃고 마는 현실 부적응자인 세실리아가 톰에게 현실이 영화와 어떻게 다른지를 가르쳐준다.

톰은 현실 속에서 세실리아를 만족시켜 줄 수 없다는 것을 알고 그녀를 영화 속으로 데리고 간다. 톰이 세실리아를 데리고 간 영화 속 세계는 관객의 욕망이 투사된 공간이다. 현실은 항상 허구보다 부족하다. 현실의 결핍을 채우기 위해 우리는 허구, 상상의 도움을 받는다. 영화 속 세계는 가난한 세실리아가 늘 꿈꾸던 공간, 상상의 공간이다.

그러나 영화가 현실로 넘어오면 환상은 깨진다. 현실에서는 쓸모없는 톰의 돈처럼 현실로 넘어온 허구의 것들은 위조지폐와 같다. 그것들은 비슷하게 꾸몄지만 다른 것, 같은 외양을 지녔지만 비어 있는 것이다. 톰에게는 시나리오 속에 있는 정해진 성격, 정해진 모습만 있다. 톰은 싸워도 멍이 들지 않고 옷도 구겨지지 않는다. 현실의 눈으로 본 허구의 세계도 마찬가지다. 영화 속의 세계에 들어간 세실리아가 샴페인이 진짜 샴페인이 아니라 진저 에일이라는 사실을 알게 되는 것처럼 영화 속 세계는 그녀가 상상한 것과는 다르다. 영화에서는 단지 보이는 것만 있다. 영화는 만질 필요가 없고 또 만져서도 안 된다. 영화 속의 욕망은 단지 보려는 욕망, 시선을 통한 나르시시즘적인 욕망일 뿐이다.

그렇다면 현실의 배우인 길과 세실리아의 관계는 어떠한가? 길은 처음에는 의도적으로 세실리아를 유혹한다. 톰이 영화 속으로 다시 들어가도록 세실리아를 통해 설득하려는 의도에서다. 영화를 망치면 톰의 역할을 한 자신의 인기에 해가 될 수 있기 때문이다. 그러나 그는 점점 세실리아에게 매력을 느낀다. 그녀는 너무나도 영화적인 존재이기 때문이다. 길이라는 영화배우는 매우 현실적인데 반해, 지극히 평범하고 초라한 세실리아는 영화 속 인물 같다. 길은 세실리아와 대화를 나눌수록 점점 더 그녀의 매력에 끌리게 된다. 길과 세실리아가 나누는 대화는 영화와 어린 시절에 관한 이야기들뿐이다. 어린 시절의 이야기, 지나간 행복한 시간에 관한 이야기는 영화와 같은 것이다. 행복한 과거란 우리의 기억에서 언제든지 꺼내 돌려볼 수 있는 즐거운 영화와 같은 것이기 때문이다. 두 사람은 영화를 통해 서로 연결된다. 길이 출연한 영화의 대사를 영화에서처럼 나누고 두 사람은 키스한다. 영화 속 키스를. 현실에서 꿈꾸는 영화의 세계는 달콤하다.

길에게 세실리아는 상상적 관객이다. 할리우드의 평범한 배우, 스타가 되는 것만이 유일한 삶의 목표인 길은 지극히 현실적이다. 그런데 세실리아는 길을 현실의 모습으로 보는 것이 아니라 영화로, 허구의 인물로만 본다. 길은 실제로는 지극히도 속된 평범한 사람이지만 세실리아의 눈에는 영화 속 멋진 남자이다. 길에게는 세실리아와 같은 존재, 자신이 출연한 모든 영화를 보고 영화 속 대사까지 다 외우고 있는 그런 관객, 자신을 영화 속 근사한 인물로 보는 그런 존재가 필요하다. 왜냐하면, 바로 그런 관객이 영화

배우로서의 자신을 존재하게 해주기 때문이다. 배우가 상상하는 관객의 시선, 영화를 만들 때 항상 염두에 두는 관객의 시선, '상상적인 관객'의 모습을 세실리아가 구현하고 있기 때문이다.

세실리아와 톰의 키스, 세실리아와 길의 키스, 같으면서도 다른 두 인물과 나눈 키스는 그 의미도 다르다. 두 남자와 세실리아가 나눈 키스는 모두 허구와 현실이 뒤섞인 것이지만, 톰과의 관계에서는 현실의 편에서 영화 속의 키스를 하고, 길과의 관계에서는 허구 속 인물이 되어 키스한다. 영화 속의 인물과 함께할 때는 현실의 편에 속하고, 현실의 인물 곁에서는 영화의 편에 서는 세실리아는 허구와 현실을 동시에 담고 있는, 영화를 현실로, 현실을 영화로 변환시키는, 이편의 세계와 저편의 세계를 연결하는 몸, 즉 관객을 완벽하게 구현하는 캐릭터다. 세실리아는 존재 그 자체로 영화가 갖는 본질적인 구조, 중층적 구조를 표현한다. 그러므로 제목이 겹쳐지고, 이야기가 겹쳐지는 것처럼 '카이로의 붉은 장미'는 세실리아가 본 영화이면서 동시에 출연한 영화가 된다. 세실리아처럼 관객은 허구와 현실이 만나는 곳, 경계에 있다.

4. 관객, 건망증 환자

현실과 허구가 이처럼 겹쳐지는 것이라면 현실과 허구를 어떻게 구별할 수 있을까? 우디 앨런은 허구와 현실의 관계를 부정법으로 정의한다. 허구란 현실이 아닌 것이고 현실이란 허구가 아닌 것이다. 〈카이로의 붉은 장미〉는 현실과 허구의 관계를 이야기한 다는 점보다 이 두 관계를 설명하는 방식에서 우디 앨런의 영화 세계를 보여준다. 허구와 현실은 공존한다. 허구는 현실이 없으면, 현실은 허구가 없으면 의미가 없다. 허구와 현실은 함께 있지만, 결코 뒤섞이지 않는다. 이들은 각각 자기 역할을 버리지 않는다. 우리의 꿈이 이루어지면 더는 꿈이 될 수 없듯이, 허구가 현실이 되면 허구가 아니다. 그러기에 톰은 영화 속으로 돌아갔고, 길은 세실리아를 남겨둔 채 할리우드로 떠난다. 혼자 남은 세실리아는 영화의 처음처럼 극장으로 돌아가 또 다른 영화를 본다.

현실은 영화처럼 쉽게 변하지 않는다. 영화처럼 한순간 뉴욕에서 이집트로 혹은 파리로 이동할 수 없다. 영화에서처럼 즐거운 시간은 천천히 흐르고 고통은 건너뛰거나 혹은 짧게 편집되어 쉽게 사라지는 것은 아니다. 길은 세실리아를 배반하고 떠났고, 톰은 다시 영화 속으로 돌아갔다. 세실리아에게 현실은 비루한 채 그대로 남아 있고, 톰이 나오는 '카이로의 붉은 장미'는 이제 간판이 떼어진다. 영화는 끝났지만 세실리아의 초라한 삶은 그대로다. 그러나 허구가 사라진 그 자리를 채우는 것은 여전히 또 다른 허구이다. 관객은 건망증 환자이다. 영원한 사랑의 맹세란 없다는 사실을 알면서도, 그 맹세가 허구임을 알면서도, 이내 또 다른 사랑에 빠져 버리는 연인들처럼, 허구가 우리 삶의 비루함을 채울 수 없다는 사실을 너무나 잘 알면서도 그 사실을 잊은 채 관객은 또다시 극장으로 향한다. 극장에서 우리는 한순간 위로를 받고 영화가 끝나면 허구의 배신감을 가슴에 담고 현실로 돌아온다.

그러나 결국 세실리아의 이야기는 해피 엔딩으로 끝난다. 세실리아는 길 셰퍼드의 배신에, 현실의 참혹함에 괴로워하지만, 관객이 보는 그녀의 마지막 모습은 웃음을 짓는 환한 얼굴이기 때문이다. 눈물을 흘리며 극장에 들어온 세실리아는 스크린에 눈을 고정한 채 황홀한 사랑의 이야기를 즐긴다. 프레드 아스테어와 진저 로저스가 노래하며 춤추는 모습에 정신을 빼앗긴 세실리아는 슬픔도 잊은 채 서서히 입가에 미소를 띤다. 카메라는 클로즈업으로 세실리아의 환한 얼굴을 오랫동안 보여준다. 세실리아의 얼굴을 비추는 환한 조명은 그녀의 미소를 더 맑고 밝게 해준다. 행복한, 사랑스러운 관객의 모습이다.

　　허구란 무한히 비어 있는 세계이다. 그것은 우리가 아무리 채워도 결코 채울 수 없는 세계, 혹은 따라도 따라도 끝없이 달콤한 음료를 채워주는 마술의 물병이다. 세실리아는 맹목적인 관객이다. 그녀는 또한 지독한 건망증 환자이다. 자신이 기만당한 사실을 금세 잊은 채 세실리아는 몽유병 환자처럼 밤마다 극장 앞을 서성거리며 이 영화에서 저 영화로 떠돌아다닌다. 세실리아는 자신을 애써 잊으려 자발적으로 건망증 환자가 되려고 애쓰는, 오늘도 극장 앞을 서성이는, 그리고 스크린 앞에서 혼을 바치는 관객, 우리의 모습이다. 영화 앞에서 맹목적인 관객에게 스크린의 세계는 바로 현실이다. 현실과 허구가 어떻게 다른가를 설명하려는 세실리아를 향해 톰은 이렇게 말한다. '현실과 허구를 구분하기엔 우리 인생이 너무나 짧은 것 아닌가요?'

11. 감각의 영화를 위하여

미셸 아자나비시우스 • 〈아티스트〉

1. 순수시대로의 귀환?

아자나비시우스Michel Hazanavicius의 〈아티스트The Artist〉(2011)는 2012년도 미국의 아카데미영화제와 골든 글로브에서, 프랑스의 세자르영화제와 영국의 아카데미영화제에서 감독상과 대상, 연기상 등 주요 부문의 상을 휩쓸었다. 영화에 대한 취향과 문화적인 풍토가 같지 않은 유럽과 미국의 영화제에서 동시에 최고의 영화로 평가받았다는 점은 눈길을 끌기에 충분하다. 평단의 찬사와 대중적인 성공을 모두 거뒀다는 점에서도 특별하다. 그러나 무엇보다도 흥미로운 점은 이 영화의 형식이다.

〈아티스트〉는 영화에 대한 영화이다. 1927년에서 1931년까지 무성영화에서 유성영화로 변화하는 시기를 배경으로 한다. 영화사에서 1927년은 중요한 해이다. 1927년에 최초로 부분 유성영화인 앨런 크로스랜드^{Alan Crosland}의 〈재즈 싱어^{The Jazz Singer}〉가 상영되어 흥행 성공을 거둔다. 이어 많은 영화가 소리를 도입했고, 1930년 이후 영화는 모두 유성영화로 바뀌게 된다. 〈아티스트〉는 무성영화 시절 스타인 조르주와 유성영화가 등장한 뒤 유명해진 페피의 사랑 이야기이다. 조르주는 유성영화에 적응하지 못하고 몰락한다. 반면 소리에 적응을 한 페피는 스타가 된다. 실의에 빠진 조르주는 자살까지 시도하지만, 페피의 사랑으로 그녀와 함께 다시 영화에 출연한다는 줄거리이다.

멜로드라마 장르의 다소 뻔한 이야기인 이 영화가 관객의 관심을 얻은 것은 영화의 배경이 되는 1920년대 말의 영화 형식을 그대로 사용한 점에 있다. 〈아티스트〉는 흑백의 무성영화이다. 촬영은 컬러로 했지만 흑백으로 변환시켰다. 또한 1.33 대 1이라는 무성영화 프레임의 비율을 따랐으며, 줌 렌즈나 스테디 캠과 같은 카메라의 움직임은 사용하지 않았다. 크레딧 시퀀스도 무성영화 스타일로 표현된다. 대사는 간자막^{intertitre}으로 처리되었고, 무성영화 시절 사용되던 반주 음악 스타일의 음악 효과가 등장한다.

디지털 3D 입체 영화가 만들어지고, 실제보다 더 실제 같은 다양한 합성 기술이 현란한 이미지를 과시하는 21세기에 어떻게 무성의 흑백영화가 관객들을 열광시킬 수 있었을까? 소리 없는 순수하게 시각적인 효과만을 중시한 1920년대 '순수 영화'에 대한 향수일까? 텔레비전과 컴퓨터 게임, 여러 매체가 만들어 낸 이미지의 홍수에 익숙한 사람들은 이 흑백의 무성영화에서 단지 과거에 대한 향수만을 즐겼을까? 관객은 〈아티스트〉에서 어떤 즐거움을 얻었을까? 그리고 무성영화를 통해 감독이 전달하고자 한 것은 무엇이었을까?

2. 보이는 소리 : 이미지의 감각

〈아티스트〉는 엄밀한 의미에서 무성영화는 아니다. 조르주의 꿈속에서는 여러 사물의 소리가 들린다. 유리잔이 탁자에 부딪히는 소리, 전화벨 소리, 길을 가는 여자들의 웃음소리, 가벼운 깃털이 땅에 떨어지면서 내는 거대한 소리. 여러 소리가 들려오지만, 정작 자신은 목소리를 내지 못하는 조르주가 괴로워하다가 꿈에서 깬다. 이 악몽 장면은 조르주가 유성영화를 거부하는 이유를 알려준다. 무성영화 연기에 익숙한 조르주는 목소리 내는 것을 두려워한다. 실제로 영화의 역사에서 무성영화 시절의 스타가 유성영화에 적응하지 못하고 몰락한 경우가 있다.

미셸 시옹은 무성영화란 소리가 없는 게 아니라 '듣지 못하는 영화'라고 설명한다. 영화 속 인물들은 말을 하고 있지만 관객이 듣지 못하는 것이다. 그래서 영화는 '듣지 못하는 사람의 시선'에 맞춰 배우가 연기한 것이라 설명한다. 〈아티스트〉는 소리가 없는 것이 아니다. 소리를 감춘 것이다. 조르주의 악몽 장면은 감독의 의도를 명확하게 알려준다. 아자나비시우스는 소리를 일부러 없애버림으로써 영화에서의 소리에 대해 생각하게 만든다.

〈아티스트〉에는 듣지 못하는 소리 대신 '보이는 소리'가 도처에 있다. 클로즈업 쇼트는 소리를 시각화하는 대표적인 표현 방식이다. 클로즈업은 무성영화 시기에 가장 많이 사용된, 그리고 가장 많이 사랑받은 쇼트이다. 클로즈업 쇼트에는 인물의 영혼과 감정, 그리고 욕망이 담겨 있다. 〈아티스트〉의 첫 장면, 조르주가 출연한 영화 속 영화인 〈러시아 특급〉에서 고문을 당하며 비명을 지르는 조르주의 얼굴이 클로즈업된다. 그의 귀에 꽂혀 있는 기계에서는 전기 충격을 가하는 것처럼 하얀빛이 번쩍인다. 이어 고통으로 크게 벌어진 조르주의 입을 익스트림 클로즈업으로 보여준다. 비명을 지르는 조르주의 얼굴에서 고통스러운 신음이 들리는 듯하다. 조르주를 고문하는 기계의 번쩍이는 빛은 전기 소리를 내는 것 같다. '듣지 못하는 영화'는 여러 소리를 감추고 있지만, 이미지는 보이는 소리를 만들어 관객의 상상 속에서 울린다.

클로즈업으로 표현된 사물들도 소리를 만든다. 페피가 조르주의 뺨에 키스하는 모습을 기자가 찍을 때 '펑' 하고 터지는 카메라 플래시가 화면 가득 들어온다. 화면을 채운 것은 환한 빛만이 아니다. 그 빛이 만들어 낸 상상의 소리도 있다. 조르주가 사라진 것을 안 페피가 운전기사를 부르기 위해 자동차 클랙션을 누른다. 클랙션을 누르는 페피의 손이 클로즈업으로 제시될 때 관객은 그 소리를 상상으로 들을 수 있다.

이미지가 만들어내는 소리는 실제 소리보다 더 강렬한 효과를 만들 수도 있다. 조르주가 자살을 시도하기 직전 괴로워하는 장면에서 클로즈업된 그의 얼굴 위쪽 좌우에 여자와 남자의 입 모양

이 이중 인화되어 제시된다. 이어 익스트림 클로즈업으로 표현된 여러 사람의 입이 빠르게 편집된다. 그를 비난하고 비웃는 소리가 마치 메아리처럼 울리며 전달되는 듯하다.

간자막이 필요 없는 유성영화는 소리를 통해 이미지의 연속성, 공간과 시간의 연속성을 얻을 수 있었다. 그러나 이미지는 목소리에 종속된다. 영화에서 인물이 목소리를 내기 시작하면서 영화는 말을 중심으로 전개된다. 유성영화란 궁극적으로는 '말 중심의 영화'이다. 목소리는 이미지의 연속성을 만들어내 매끄러운 허구의 세계를 연출한다. 관객은 허구의 세계에 쉽게 동화되고 몰입할 수 있지만, 관객 스스로 허구를 창조해내는 상상의 능력은 약화된다.

아자나비시우스 감독은 한 인터뷰에서 "〈아티스트〉는 배우가 스토리를 이야기하는 것이 아니라 관객이 여러 방법을 통해 이야기를 알아내는 영화"라고 말한다. 무성영화는 이러한 영화를 만들기 위해 감독이 선택한 형식이다. 그는 이렇게 말한다. "무성영화에서는 모든 것이 이미지 속에, 관객들에게 보내는 신호들의 조직 속에 있다." 감독은 관객에게 상상의 소리를 선물하기 위해 실제 소리를 감춘다. 눈으로 보는 소리, 이미지는 더 선명하게, 더욱 감각적으로 관객에게 다가와 더 큰 상상의 소리를 낸다.

3. 읽히는 소리 : 자막의 역할

조르주와 페피는 대화를 나눈다. 영화 속 다른 인물들도 말을 한다. 그러나 관객은 그들의 목소리를 들을 수 없다. 〈아티스트〉의 인물들은 마치 방음 처리된 스크린 저 너머의 세계에 있는 것 같다. 관객이 있는 곳까지 전달되지 않는 그들의 목소리는 물질성이 휘발되어 자막이라는 장치 속에 몇 개의 문자로만 요약된다. 목소리는 쇼트와 쇼트 사이 간자막으로 관객에게 전달된다.

인물의 목소리를 대신하는 장치인 간자막에는 두 유형의 말이 담겨 있다. 하나는 내레이터의 기능처럼 이야기를 해설하는 전지적인 화자의 말이다. 다른 하나는 인물들이 직접 하는 말이다. 〈아티스트〉에서 간자막은 인물의 대사를 표현할 때만 최소한으로 나온다. 감독은 대사를 최소한으로 사용해도 이야기를 전달할 수 있는 단순한 줄거리의 멜로드라마 장르를 선택했다. 〈아티스트〉는 텍스트적인 영화가 아니라, 스토리텔링의 기본으로 돌아간 영화라고 감독은 설명한다.

간자막은 이미지의 연속성을 깨트리지만 또 다른 지각을 만들어낸다. 간자막은 이미지로 구성되는 영화 속에 '낯선 물체, 불순물을 노골적으로 존재하게 하는 것'과 같다. 이미지가 사실적인 재현이라면 문자는 추상적이고 보편적인 기호이다. 문자의 해독은 시각적 이미지가 전달하는 직접적인 지각과 다르다. 문자는 지적인 해석을 요구한다. 간자막은 영화 이미지가 만드는 허구 세계와는 다른 공간에 위치한다. 간자막은 영화 속 허구와 관객이 있는 현실 사이에서 간접적으로 서사의 세계를 이야기한다. 이러한 점에서 보이스오버와 유사한 기능을 한다. 간자막은 문자에 대한 지적 지각을 통해 이미지가 전달하는 시각적 지각을 해석하고 연결하는 관객의 존재, 관객의 적극적인 독해가 필요하다.

〈아티스트〉에는 간자막 외에도 자막의 기능을 하는 독특한 장치들이 있다. 신문, 영화 포스터, 극장 간판의 제목, 거리 표지판 등을 통해 문자를 표현한다. 이러한 이미지 속의 문자는 상황을 설명하고, 해설한다. 조르주와 페피의 만남, 무성영화 제작의 중단, 페피의 성공, 주식 시장의 붕괴, 조르주가 화재에서 구출된 사건 등은 신문 기사를 통해 함축적으로 이야기가 전달된다. 신문 기사는 인물의 상황, 시간과 공간에 대한 정보를 단번에 알려준다. 이러한 장치는 이미지의 연속성을 방해하지 않으면서 여러 정보를 전달할 수 있어 경제적이다.

영화 포스터나 극장 간판 속의 제목 역시 자막의 역할을 한다. 〈아티스트〉에는 여러 편의 '영화 속 영화'가 등장한다. 영화 속 영화의 제목은 조르주와 페피의 관계를 상징적으로 암시한다. 조르주는 무명 배우인 페피에게 '남들에게는 없는 특별한 것이 있어야 성공한다'며 입술 위에 애교점을 그려준다. 얼마 뒤 페피는 〈애교점〉이라는 영화로 유명 배우가 된다. 유성영화를 거부하는 조르주는 자비로 무성영화를 찍는다. 제목은 〈사랑의 눈물〉이다. 그러나 이 영화는 흥행에 실패한다. 영화 속 주인공이 모래 늪에 빠져 죽는 영화의 마지막 장면처럼 조르주는 몰락한다. 이 영화를 보며 페피가 흘리는 눈물은 조르주에 대한 사랑의 눈물이다. 자신의 물건이 경매에서 다 팔리는 것을 보고 거리에 나온 조르주가 길을 건널 때, '외로운 스타'라고 적힌 경매장의 간판이 화면에 들어온다. 조르주의 상황을 암시한다. 페피의 새 영화 〈수호천사〉

는 남몰래 조르주를 돕는 페피를 상징한다. 조르주는 페피의 사랑과 격려로 다시 영화에 출연한다. 슬레이터 속의 영화 제목 〈사랑의 빛〉은 두 사람의 미래를 미리 알려준다.

이러한 방식의 자막 효과가 눈길을 끄는 것은 이미지 속의 문자라는 점에 있다. 레지스 드브레이Régis Debray에 의하면 이미지는 단번에 우리의 시각에 들어오는 반면 문자는 언어 순서에 맞춰 전달된다. 〈아티스트〉에는 한 프레임 안에 즉각적이고 직접적인 이미지와 규칙과 순서를 따라야 하는 문자가 동시에 전달된다. 이둘은 각각 자율적이고, 변별적이며, 동시에 서로를 보충하는 관계이다. 관객은 보이는 이미지와 읽히는 기호를 연결하고, 서로 다른 층위를 오가며 지적 유희를 즐긴다.

이미지와 문자의 관계는 조르주가 자살하려는 장면에서 가장 극적으로 연출된다. 파산과 영화 제작 실패로 절망에 빠진 조르주는 자살하려고 권총을 입에 넣는다. 이어 다음 쇼트에서 급하게 차를 몰아 조르주를 찾아오는 페피의 모습을 교차 편집으로 보여준다. 같은 상황을 한 번 더 짧은 쇼트로 교차 편집하며 긴장감을 연출한다. 이어 눈을 감고 방아쇠를 당기는 조르주의 모습이 보인다. 다음 쇼트에서 '펑Bang!'이라고 적힌 간자막이 제시된다. 아자나비시우스 감독은 간자막으로 생겨나는 시간의 불연속성, 시간의 단절을 멋지게 이용한다.

일반적으로 유성영화는 소리와 이미지가 동시에 전달된다. 그러나 무성영화의 간자막은 행위를 분리하며 시간의 단절을 만들수 있다. 일반적으로 무성영화는 우선 이미지를 보여주고 자막을 통해 내용을 파악하도록 연출한다. 즉 자막은 이전 이미지에 속한 것으로 여겨진다. 그러나 아자나비시우스는 관객의 이러한 추측을 고의로 배반하며 서스펜스와 즐거움을 만든다. 관객은 '펑'이라는 의성어가 표시된 이 자막으로 조르주의 자살을 예상한다. 그러나 다음 쇼트에서 나무에 충돌한 페피의 자동차를 보게 된다. 이어 권총을 들고 창문을 바라보는 조르주의 모습을 확인할 때, 관객은 비로소 자막의 글자 '펑'은 뒤에 온 이미지, 페피의 자동차가 충돌한 소리라는 것을 알게 된다.

문자, 즉 기호는 사실적인 재현이 아니다. '펑'이라는 의성어는 기표처럼 여러 개의 기의와 연결될 수 있다. 이미지를 통한 시각적 지각은 문자를 통한 지적 지각에 의해 해석되고 추측된다. 관객은 조르주의 자살을 추측하며 비극적 결말을 예감한다. 그러나 이어 오는 이미지를 통해 관객은 안도하고 감독이 연출한 게임을, 즉 전복의 유희를 즐긴다.

4. 들리는 소리 : 음악의 기능

〈아티스트〉에서 음악은 사실적인 소리의 결핍을 채우는 또 다른 장치이다. 1895년 뤼미에르가 최초로 공개 영화 시사회를 열던 때부터 음악은 영화에 등장했다. 영화의 탄생과 함께 영화 음악이 시작된 것이다. 영화사 초기 극장에는 영사기와 관객을 분리하는 칸막이가 없었기 때문에 영사기의 소음이 영화 관람을 방해

했다. 소음을 없애고 관객이 시각적인 이미지에 더 잘 집중하도록 피아노나 오케스트라 반주를 곁들였다. 또 다른 설명도 있다. 무성, 즉 이미지의 침묵이 만들어내는 불편함을 없애기 위해 음악이 등장했다는 것이다. 어둠 속에서 '유령처럼' 움직이는 이미지, 영화는 놀랍게도 현실을 그대로 재현했지만, 비정상적인 어떤 침묵은 관객을 두렵게 만들었다. 미셸 시옹은 무성영화에서 음악은 어둠 속에서 휘파람을 부는 어린아이의 몸짓처럼 마음을 안정시켜줄 수 있었다고 설명한다. 〈아티스트〉에서 음악은 무성영화 형식을 모방했지만 전혀 다른 차원의 효과를 연출한다.

〈아티스트〉에서 음악은 거의 모든 장면에 깔려 있다. 음악은 이야기를 암시하고, 인물의 감정을 함축한다. 무성영화의 스타인 조르주가 자기 영화에 열광하는 팬들에게 인사할 때의 발랄한 음악과 조르주의 몰락을 보여주는 장면에서의 애절한 음악은 관객이 인물의 감정에 이입하게 만드는 중요한 장치이다. 인물의 정서와 이야기에 잘 어울리는 영화 음악은 관객을 스토리 속으로 자연스럽게 빠져들게 만든다.

〈아티스트〉에서 음악은 배우의 연기만큼 중요하다. 아자나비시우스 감독은 배우가 캐릭터에 맞춰 연기하는 것처럼 음악도 스토리와 아주 잘 맞아야 한다고 생각했다. 그는 목소리의 결핍을 채워주는 음악 효과를 위해 독특한 방식을 사용했다. 영화의 첫 단계, 즉 시나리오 단계에서부터 작곡가에게 영화 장면에 맞는 음악을 만들도록 요구했다. 편집과정에서도 독특한 방식으로 영상과 음악을 연결했다. 처음에는 약 12분의 분량으로 영화 전체 이야기를 나누어 이 부분들에 맞게 음악을 연결했다. 두 달 후에는 8분 정도의 분량으로 더 세분화한 이야기에 음악을 연결했다. 이런 방식의 작곡과 편집은 영화 줄거리와 음악을 자연스럽게 연결한다. 하자나비시우스 감독은 관객이 영화를 보는 동안 음악이 있는지조차 알아차릴 수 없을 정도가 되기를 원했다.

조르주가 악몽을 꾸는 장면과 자살을 하려다 실패한 뒤 페피와 만나는 두 장면을 제외하고 이 영화 전체에는 음악이 흐른다. 장면이 바뀌면 음악도 변한다. 영화에서 음악은 사실적인 소리를 전달하는 음향 효과와 다르다. 음악은 추상적이고 주관적이다. 음악은 이미지에 종속되지 않는다. 그러나 음악의 추상성은 이미지가 전달하는 감각을 더욱 풍요롭게 만든다. 에드가 모랭Edgar Morin은 영화 음악이 사실에서 벗어나긴 하지만 사실에 대한 인상에서 어긋나지는 않는다고 설명한다. 오히려 음악의 주관성은 객관적 정서를 강화하고 증폭시킬 수 있다.

〈아티스트〉는 여러 방법으로 음악이 지닌 추상성을 인물의 감정과 이야기에 연결한다. 조르주가 처음 페피를 만났을 때 쓰인 경쾌한 음악은 엑스트라로 출연하게 된 페피를 조르주가 스튜디오에서 다시 만났을 때 모티브가 변주되어 재사용된다. 페피가 할리우드 스튜디오에서 엑스트라로 뽑힐 때 들렸던 음악은 영화 후반부에 변주된 형식으로 다시 등장한다. 이번에는 조르주가 배역을 얻어내는 장면에서다. 이러한 라이트 모티브의 사용과 테마의 반복은 만남과 캐스팅이라는 주제를 강조하고, 음악이 지닌 추상성을 묘사적이고 상징적인 것으로 변화시킨다.

이 영화 전체에서 가장 자주 사용되는 영화 음악은 조르주에 대한 페피의 사랑을 표현한 곡이다. 이 음악은 앨프리드 히치콕의 〈현기증〉에 등장하는 사랑의 테마를 라이트 모티브로 사용한다. 페피가 조르주의 분장실에서 옷걸이에 걸린 그의 연미복에 손을 넣어 마치 두 사람이 포옹하듯 손으로 자신의 몸을 감싸는 장면에서 처음 등장한다. 이 사랑의 테마는 페피가 불길에서 구조된 조르주가 있는 병원으로 찾아가 자신의 집으로 데려올 때도, 자살하려는 조르주를 찾아가는 장면에서도 흘러나온다. 이 곡은 상황에 따라 때론 부드럽게 혹은 격렬하게 변주된다. 변주라는 형식은 다양한 상황을 묘사하면서 동시에 변하지 않은 페피의 감정을 표현한다. 〈현기증〉에서 스카티가 마들렌에게 사랑의 감정을 느끼는 장면에 등장하는 음악을 사용한 것은 일종의 패스티시pastiche 이다. 이러한 음악적 패스티시는 상호 텍스트적인 기능을 한다. 이미 잘 알려진 지시체를 인용해 음악의 추상성을 구체적인 감각과 연결한다. 〈현기증〉에서 표현된 스카티의 감정이 페피의 사랑이라는 테마를 감싸고 있다.

장면마다 다른 음악이 나오는 것은 아니다. 음악을 통해 여러 장면이 연결되는 경우도 있다. 영화의 첫 부분에서 조르주가 영화 상영 후 열광하는 관객들에게 인사하는 장면에서 등장한 음악은 공간이 바뀐 다음 장면에서도 이어진다. 거리에서 환호하는 팬들에 둘러싸인 조르주가 페피의 실수로 서로 몸을 부딪치고 인사하는 장면, 페피와의 첫 만남에까지 동일한 곡이 이어진다. 주식이 폭락한 사실을 알려주는 장면에 등장한 음악은 조르주가 감독한 무성영화가 실패한 것을 보여주는 다음 장면에까지 이어진다. 음악을 통한 이러한 장면의 연결은 시간과 공간이 변한다 해도 인물이 느끼는 동일한 정서를 표현한다. 〈아티스트〉에서 음악은 이처럼 시간과 공간을 마음대로 다루는 장치이다. 음악의 추상성은 시·공간에서 벗어나 자유롭게 이미지와 연결된다. 음악 덕분에 관객은 자신이 '들은 것을 본다'고 믿는다. 음악은 이야기의 시간과 공간 바깥에 있으면서, 즉 영화의 허구에서 벗어나 있으면서 영화의 모든 시간, 모든 공간과 소통할 수 있다.

〈아티스트〉에서 음악은 대부분 영화의 허구 밖에서 들려온다. 즉 음악은 영화의 서사를 둘러싸고 있다. 시옹은 음악의 출처가 영화적 허구 밖에 있는 음악을 '박스 음악'이라고 부른다. 마치 오페라에서 극이 전개되는 장소가 아닌 오케스트라 박스와 유사한 지점에 있는 음악이라는 뜻이다. 반대로 음악의 출처가 허구의 사건 속에 있는 사실적 음악은 '스크린 음악'이라고 부른다. 영화 속 인물이 연주하는 음악, 인물이 듣고 있는 음악처럼 실재하는 객관적인 음악을 의미한다.

〈아티스트〉의 음악 대부분은 박스 음악에 속한다. 이미지를 감싸는 음악은 목소리를 대신한다. 그런데 이 영화의 끝에 이르면 허구의 세계 바깥에 있던 음악이 내부로 들어온다. 조르주가 자살에 실패한 후 페피와 화해하고 사랑을 확인하는 장면은 음악 없이, 아무 소리 없이 이미지와 자막으로만 이루어져 있다. 잠시의 침묵 뒤에 관객은 새로운 소리를 듣는다. 조르주와 페피는 감독 앞에서 신나는 음악에 맞춰 탭댄스를 춘다. 그런데 이 장면에는 독특한 소리의 조합이 있다.

　감독 앞에서 조르주와 페피가 탭댄스를 출 때, 경쾌한 반주의 박스 음악과 두 사람이 탭댄스를 추며 만드는 스텝 소리, 즉 스크린 음악이 뒤섞인다. 화면 안의 음악과 화면 밖의 음악이 뒤섞인다. 영화 속 인물의 목소리는 여전히 들리지 않는다. 이어 다음 장면은 영화를 촬영하는 현장이다. 다시 한 번 같은 음악에 맞춰 조르주와 페피 두 사람이 탭댄스를 춘다. 탭댄스의 스텝이 만드는 리듬이 들린다. 춤이 다 끝난 뒤 가쁘게 몰아쉬는 두 사람의 숨소리가 들린다. 드디어 관객은 인물의 소리를 듣게 된 것이다. 감독의 목소리도 들린다. "아름다워, 한 번 더 할 수 있나." 이어 조르주의 목소리가 들린다. "기꺼이요."

5. 감각의 영화를 위하여

　영화에 대한 영화, 자기 반영적인 영화인 〈아티스트〉가 흥미로운 것은 내용의 차원뿐 아니라 형식의 차원에서, 더 나아가 감각의 차원에서 무성영화의 변화 그 자체를 표현했다는 점이다. 소리가 어떻게 등장하고, 어떻게 사람들에게 새로운 감각을 전달했는지, 그 감각을 느낄 수 있게 만든다. 탭댄스는 음악과 소음의 만남이다. 발이 바닥에 부딪히면서 생겨나는 소리와 리듬은 육체를 타악기처럼 연주한 것이다. 몸이 만드는 소리, 몸이 만드는 음악이다. 〈아티스트〉의 마지막 장면에 이르러서 스크린 가장자리에 있던 박스 음악은 몸이 만드는 스크린 음악과 만나게 된다. 시간과 공간 밖에 있던 음악 소리가 구체적인 시간과 공간 속에 정착한다. 스크린 밖에서, 허구의 가장자리에서 떠돌던 소리는 이제 스크린 안에 정착하게 된다. 소리 없이 유령처럼 저편에 있던 인물들은 이제 목소리를 갖게 된다. 방음벽 저편에서 소리를 감추었던 인물들과 관객을 분리하던 공간, 자막과 박스 음악이 있던 공간이 사라지고, 목소리가 비로소 자신의 육체를 갖게 된다. '유성영화'의 시작이다.

아자나비시우스의 〈아티스트〉는 1927년부터 1930년까지 무성영화에서 유성영화로 변화하던 시기에 배우와 관객들이 느꼈을 충격과 혼돈을 재현한다. 당시 많은 영화인들은 소리를 두려워하고 거부했지만 결국 조르주처럼 받아들였다. 영화에 목소리가 등장했을 때 여러 영화 감독과 이론가들은 영화의 순수성과 표현성이 사라질 것이라고 걱정했다. 목소리를 도입함으로써 무성영화가 지닌 이미지의 시적 기능을 빼앗고 영화 이미지를 사실적인 것으로 만들어, '평범한 이야기'를 전달하는 진부한 영화가 될 것으로 생각했다. 그러나 영화는 소리를 받아들였고, 흑백을 컬러로, 2차원의 이미지를 3차원의 입체 영상으로 발전시켰다.

〈아티스트〉가 이미 사라진 과거의 형식을 재현하고자 한 이유는 무엇일까? 아자나비시우스 감독은 영화에서 중요한 것은 매끄럽고 세련된 이미지를 만드는 기술적인 발전이 아니라고 생각한다. 영화는 관객에게 감각과 지각을 전달해야 한다. 그에게 무성영화는 이미 사라져 역사 속에 묻힌 구닥다리가 아니다. 그는 한 인터뷰에서 이렇게 말한다. "무성영화는 감성적이고 감각적인 영화이다." 아자나비시우스 감독은 무성영화 형식을 통해 관객이 스스로 창조해내는 감각을 연출하려 했다.

1920년대 말 위대한 무성영화 감독들은 감각에 많은 관심을 보였다. 이 시기 영화들이 보여준 탐미적인 경향은 현재의 뮤직 비디오의 감각과 조응한다. 시옹은 뮤직 비디오와 같은 감각을 전달하는 영화는 '무성영화로 회귀'하는 것과 유사하다고 설명한다. 음악에 토대를 두었다는 점, 대사를 통해 이야기를 전달하지 않는다는 점, 이미지와 사운드의 일치에서 자유롭다는 점에서 그렇다.

무성영화의 탐미성은 또한 포스트모더니즘 영화와도 비슷하다. 로랑 줄리에Laurent Jullier는 포스트모더니즘 영화의 특징 중 하나로 이미지와 음악이 만들어내는 감각을 언급한다. 현란한 시각효과와 공연장에 있는 것 같은 강렬한 음악 효과는 감각적인 영화를 만드는 중요한 요소이다. 포스트모더니즘 영화는 주제나 교훈, 복잡한 스토리 대신 이미지와 소리의 감각을 전달한다. 이러한 점에서 〈아티스트〉는 흑백의 무성영화라는 옷으로 몸을 감춘 가장 현대적인 영화이다. 관객들이 이 영화에서 즐긴 것은 과거의 향수나 순수 영화에의 동경이 아니라 우리에게 익숙한 감각, 현재의 감각이다.

12. 우주 공간의 체험과 영화적 사유

알폰소 쿠아론 • 〈그래비티〉

1. 새로운 사실주의

알폰소 쿠아론Alfonso Cuaron의 〈그래비티Gravity〉(2013)는 우주 공간에 관한 영화이다. 이야기의 대부분은 우주를 배경으로 한다. 이 영화를 보고 경탄하는 것은 스크린 위에 펼쳐진 우주 공간의 사실성 때문이다. 여러 다큐멘터리와 공상과학 영화들이 이미 우주의 사실적인 모습을 보여주었다. 인공위성이 촬영한 우주 공간과 지구의 모습은 이제 낯설지 않다. 〈그래비티〉가 보여준 우주도 우리가 사진, 영화, 텔레비전을 통해 본 모습과 비슷하다. 그런데 관객은 왜 〈그래비티〉가 표현한 우주에 감탄하는 걸까?

1895년 시네마토그래프의 공개 시사회가 열렸을 때, 뤼미에르 영화의 관객들은 프레임 밖으로 달려오는 기차의 사실적인 재현,

움직이는 이미지가 만들어낸 사실 효과에 놀랐다. 〈그래비티〉의 관객들은 이제 이미지의 사실적 재현뿐 아니라 시각·청각적 효과가 연출한 우주 공간이 만들어내는 감각적 체험에 매혹된다. 이제 디지털 기술과 3D 효과를 통해 영화의 사실성은 단지 보는 이미지가 아니라, 체험하는 이미지가 된다.

〈그래비티〉의 새로움은 스크린을 통해 우주 공간의 무중력을 관객에게 체험하게 한 점에 있다. 필립 케오Philippe Queau는 "공간은 경험의 조건이다."라고 말한다. 〈그래비티〉는 관객이 우주를 체험하고 지각할 수 있도록 먼저 공간을 형상화하는 연출을 한다. 어두운 심연 같은 끝도 없는 우주, 방향도 거리도 측정하기 힘든 우주, 스크린 위에서는 평평하게만 보이는 무중력의 검은 우주 공간을 쿠아론 감독은 어떻게 표현했나?

2. 우주, 경험의 공간

생명체는 존재할 수 없는 암흑의 우주에서 영화는 시작된다. 검은색 화면 위에 흰 글씨로 우주에 대한 정보를 알려준다. '지구 위 600Km 상공 위에서 기온은 화씨 258도에서 –148도까지 변한다. 기압도 없고 산소도 없어서 소리를 전달할 수 없다. 우주에서의 삶은 불가능하다.' 검은색은 인간이 살 수 없는 우주, 공포와 고독의 우주를 표현한다. 이 크레딧 시퀀스가 끝나면 어둡고 광활한 우주에서 천천히 돌고 있는 지구의 모습이 스크린을 가득 채

우며 등장한다. 지구는 오른쪽으로 느리게 회전한다. 바다 위에
있는 태풍의 눈이 보이고, 해안가 산들도 보인다. 엷은 대기로 둘
러싸인 지구의 오른편에는 별들이 총총히 박힌 검은 우주가 있다.
우주의 심연은 둥근 지구를 더욱 푸르고 빛나게 만든다. 이어 화
면 안쪽에서 작은 별처럼 보이던 우주 왕복선 익스플로러호가 지
구가 회전하는 방향과 반대로 돌면서 서서히 다가온다.

〈그래비티〉는 우주 공간을 묘사하는 데 다소 긴 시간을 할애
한다. 쿠아론 감독은 우주를 형상화하기 위해 롱테이크 쇼트를 사
용한다. 13분이 넘는 이 장면은 관객을 우주 공간 속으로 끌어들
이는 장치이다. 일반적으로 롱테이크는 허구의 시간과 관람의 시
간을 동일시하도록 만들어 사실 효과를 연출한다. 특히 움직이는
카메라로 촬영한 롱테이크는 관객을 사건이 일어나는 현장에 있
는 것처럼, 즉 사건의 시간을 실제로 경험하는 것처럼 느껴지게
만든다. 〈그래비티〉의 롱테이크 역시 현장감과 사실 효과를 전달
한다. 무엇보다 이 오프닝 시퀀스의 롱테이크가 연출하는 탁월한
효과는 세밀하게 계산된 카메라의 현란한 움직임과 인물들의 움
직임, 프레임 안의 인물과 사물의 배치를 통해 공간의 입체감을
표현한 점에 있다.

검은 배경의 우주에서 저 멀리 흰점처럼 보이던 우주 왕복선
익스플로러호는 원근법의 효과를 최대한 살리면서 천천히 관객
앞에 등장한다. 뤼미에르 영화에서 기차가 멀리서 서서히 모습을
드러내며 관객 앞으로 다가와 프레임 밖을 빠져나가며 사실 효과
를 연출한 것과 같은 구도이다. 임무 지휘관인 맷 코왈스키도 새

218

로 개발된 소형 추진체를 타고 익스플로러호와 나란히 움직이며 모습을 드러낸다. 관객 앞까지 가까이 다가온 맷은 프레임 밖으로 나가지 않는다. 스크린을 가득 채운 우주 왕복선은 마치 멈춘 것처럼 서 있고 맷은 관객 앞에서 등을 돌려 원을 그리듯 다시 화면 안쪽으로 들어간다.

관객이 영화 스크린 위의 이미지를 입체적인 공간으로 지각하는 것은 일종의 눈속임 때문이다. 2차원의 영화 스크린을 3차원으로 보이게 만드는 중요한 장치는 깊이감의 연출과 관객의 상상력이 만드는 화면 밖 공간의 활용이다. 화면 안쪽에서 천천히 우리 앞에 다가오는 우주 탐사선은 화면의 깊이감을 최대한 표현하면서 우주 공간을 연출한다. 무중력의 광활한 우주에는 공간의 기준이 되는 좌표가 없기 때문에 원근감을 표현하기가 쉽지 않다. 위·아래, 오른쪽·왼쪽이라는 구분은 무의미하다. 우주는 경험을 통해서 만들어지는 공간일지도 모른다. 여기저기 돌아다니는 맷의 움직임은 우주에서의 방향과 거리를 알려준다. 맷은 카메라 가까이 다가왔을 때는 커다랗게 보이지만 카메라에서 멀어지면 아주 작게 보인다. 관객은 맷의 몸 크기에 따라 우주 공간의 거리와 깊이감을 지각할 수 있다. 어둠 속에 총총히 박힌 별들도 거리감을 연출하는 장치의 역할을 한다. 쿠아론 감독은 한 인터뷰에서 실제로 우주에서 보이는 것보다 더 많은 별을 〈그래비티〉에 표현했다고 말한다. 별은 인물의 움직임과 방향, 거리감을 나타내는 기준점 역할을 한다.

공간을 연출하는 무엇보다 중요한 장치는 카메라의 움직임이다. 카메라는 인물의 움직임을 따르지 않는다. 카메라의 독립적인 움직임은 우주의 무중력 상태를 탁월하게 표현한다. 인물의 움직임과 카메라의 움직임은 모두 각자의 방식으로 무중력의 감각을 전달한다. 자유로워 보이는 카메라 움직임은 실은 정교하게 계산된 것이다. 오프닝 시퀀스의 롱테이크에서 카메라의 주된 움직임은 '회전'이다. 카메라는 마치 원무를 추는 것처럼 천천히 우주 탐사선 주변을 위아래로 회전하면서 임무를 수행하는 대원들을 보여준다. 둥근 공간을 표현하는 것은 카메라의 움직임만이 아니다. 맷 또한 우주 탐사선 주변을 회전한다. 저 멀리 보이는 둥근 지구도 천천히 돌고 있다. 멀리서 보이는 지구의 모습, 둥근 지구의 일부는 회전하는 카메라의 움직임을 강화한다.

　카메라가 인물을 가까이에서 포착할 때도 원형의 구조는 유지된다. 맷이 허블 망원경을 수리하는 라이언을 도와주는 장면에서 카메라는 거의 정지한 채, 미디엄 쇼트로 두 인물을 가깝게 포착한다. 광각렌즈로 촬영하여 좌·우에 위치한 두 인물이 과장될 정도로 커 보인다. 이 장면은 반원형의 돔 스크린 위에 영사하는 아이맥스 촬영처럼 연출했다. 라이언이 수리하고 있는 허블 망원경의 둥근 형태가 두 사람 사이에 놓여 있어, 카메라가 정지해 있어도 화면은 원형의 효과를 만든다.

　원무와 같은 카메라 움직임의 절정은 지구를 바라보는 맷의 모습을 연결한 쇼트이다. 카메라는 머리 위 오른편에 있는 지구를 바라보는 맷을 보여주다 천천히 틸트-업tilt-up 한다. 화면 가득한 지구의 모습을 오른쪽으로 움직이며 보여준 후 다시 틸트-다운

tilt-down 한다. 화면의 왼편에서 오른쪽 위에 있던 지구를 보던 맷은 틸트 다운한 화면에서는 반대쪽 모습으로, 즉 오른편에서 왼쪽 위에 있는 지구를 보고 있다. 카메라는 지구를 보여주면서 한 바퀴 회전하여 반대쪽으로 가 맷의 모습을 포착한다. 360도 회전한 카메라의 움직임이 만들어낸 독특한 장면이다. 연속 편집 규칙인 180도 선이 지켜지지 않았고, 시선의 일치 같은 고전적 편집에서도 벗어나 있어, 이 장면은 비사실적인 것처럼 여겨질 수 있다. 그러나 우리가 사실적이라고 생각하는 움직임과 방향은 중력이 있는 곳에서 바라본 것이 아닌가! 이 장면은 인물뿐 아니라 카메라도 우주의 무중력 공간 속에 있다는 것을 보여주는 카메라의 멋진 움직임이다.

동시적이고 반복적인 이러한 회전, 여러 원형의 움직임은 평면의 스크린을 반구형의 공간처럼 느껴지게 한다. 마치 평면의 스크린에서 아이맥스 IMAX 영화를 보는 것과 같은 효과를 연출한다. 앤드류 달리 Andrew Darley는 이렇게 말한다. "아이맥스 영화는 '거기 있음'이라는 환영을 강조하여 관객이 이미지 안으로 빨려 들어가는 것처럼 느끼게 한다." 아이맥스 영화의 관객은 이미지 안에 있는 것과 같은 시지각을 경험한다. 쿠아론 감독은 아이맥스로 관람한 다큐멘터리 영화의 영향을 받아 〈그래비티〉의 우주 공간을 연출했다고 인터뷰에서 밝혔다. 정교하게 연출된 원형의 움직임과 원형을 강조하는 프레임 구도는 관객을 스크린의 우주 공간 안으로 이동시킨다. 관객은 마치 가상 현실의 공간 속에 있는 것처럼 〈그래비티〉의 우주 안에 들어가 영화 속 인물들처럼 무중력의 공간을 상상으로 체험한다.

소리의 효과 역시 입체적인 공간을 만드는 중요한 장치이다. 오프닝 시퀀스에서 롱테이크 쇼트로 우주 왕복선이 멀리서 천천히 다가올 때 화면 밖에서 들리는 무선 교신 목소리도 이에 맞춰 서서히 커진다. 사운드의 이러한 변화는 깊이감을 연출하는 시각적인 효과와 조응하며 우주 공간의 입체감을 더욱 효과적으로 전달한다. 원무를 추는 듯한 인물과 카메라의 여러 움직임이 긴 롱테이크 쇼트로 지속되는 동안 사운드 역시 여러 소리의 층을 만들며 우주 공간 속으로 관객을 끌고 간다. 첫 장면에서 관객은 무선 교신을 하는 다섯 명의 목소리를 듣는다. 화면에 등장하는 맷, 라이언, 멀리서 움직이고 있는 셰리프, 그리고 목소리만 들리는 익스플로러 내부의 함장과 지구의 휴스턴 통제본부 담당자가 그들이다. 이들의 목소리는 다양한 방향에서 서로 다른 크기로 관객에게 전달된다. 목소리는 인물의 위치에 따라 오른쪽, 왼쪽에서 그리고 화면 깊은 곳에서 혹은 화면 앞쪽에서 들린다. 여러 방향에서 동시에 들리는 소리는 공간을 입체화하는 효과를 만든다. 라이언이 휴스턴 본부와 교신하는 목소리가 들릴 때, 맷이 듣고 있는 컨트리 음악이 동시에 들린다. 맷이 듣고 있는 음악은 다른 사람들이 교신할 때에도 마치 배경처럼 계속 들린다. 소리 속에 또 다른 소리를 연출한다. 여러 소리의 층은 입체적인 우주 공간을 연출하는 시각 효과를 강조한다.

소리는 또한 관객을 인물들이 있는 공간, 우주 속으로 끌고 가는 장치이다. 무선으로 교신하는 인물들의 목소리를 듣는다는 것

은 어떤 의미인가? 우주 공간은 소리를 전달할 수 없다. 관객은
여러 방향에 있는 인물들의 목소리를 객관적으로 듣는 것이 아니
다. 인물을 통해, 즉 인물들의 귀를 통해 듣는다. 관객도 인물과
같은 공간에, 인물 옆에 있다는 의미이다. 〈그래비티〉의 사운드
디자이너이자 편집자인 글렌 프리멘틀Glenn Freemantle은 이렇게 설
명한다. "라이언이 우주복을 입었을 때, 당신은 그녀를 통해 그녀
의 목소리와 그녀의 숨소리를 들을 수 있다. 그리고 당신은 그녀
가 어떤 것과 접촉할 때, 그녀를 통해 사물의 소리를 들을 수 있
다." 관객은 라이언과 같은 공간, 우주에 있다.

3. 탈출의 공간

〈그래비티〉는 관객에게 우주 공간을 충분히 알려주고, 관객을
라이언과 동일시하게 만든 후 본격적인 우주 모험의 세계로 관객
을 끌고 간다. 관객은 라이언과 함께, 아니, 라이언이 된 관객은
암흑의 우주를 탈출해 지구로 귀환해야 한다.

영화 이야기의 대부분은 혼자 남은 라이언이 우주를 탈출하는
매우 단순한 내용이다. 위성 파편의 공격을 피하고 탈출용 캡슐
안으로 들어가야 한다는 같은 내용을 반복한다. 세 번의 우주 파
편 공격과 세 번의 공간 이동으로 구성되어 있다. 오프닝 시퀀스
에는 맷과 샤리프, 라이언 세 명의 인물이 등장하지만, 샤리프는
첫 번째 파편 공격으로 죽게 되고, 맷은 이야기가 시작되고 삼 분

의 일 정도의 시간이 지난 후 사라진다.

라이언이 우주의 암흑 공간을 빠져나가기 위해서는 우주정거장에 있는 탈출 캡슐이라는 좁은 공간, 갇힌 공간으로 이동해야한다. 무중력 상태의 드넓은 우주 공간에서 탈출 캡슐이라는 좁고 폐쇄된 공간으로 이동하기는 쉽지 않다. 탈출 캡슐을 원하는 곳으로 옮기는 것도 여러 가지 난관에 부딪힌다. 우주에서 마치 지구의 여러 곳을 여행하는 것처럼 라이언은 미국 우주 왕복선 익스플로러호에서 국제 우주정거장에 있는 러시아의 소유즈호로 그리고 텐궁天宮이라는 중국 우주정거장에 있는 선저우호로 계속해서 이동한다.

오프닝 시퀀스에서 익스플로러호가 멀리서 서서히 앞으로 다가오며 화면의 깊이감을 연출했다면, 우주정거장 안의 좁은 공간은 반대로 카메라가 안으로 들어가는 움직임으로 표현된다. 라이언이 가까스로 국제 우주정거장 안에 들어가 공간을 이동하는 장면은 전진하는 트래킹 쇼트로 되어 있다. 중국 우주정거장인 텐궁에 들어가 탈출 캡슐 선저우를 찾을 때도 같은 카메라 움직임으로 공간을 표현한다. 전진하는 트래킹 쇼트는 디지털 게임 이미지의 특징 중 하나이다. 공간 안에 들어가는 것과 같은 효과를 만드는 이런 움직임은 관람자가 가상 이미지의 게임 세계 속에서 게이머에 몰입하게 만드는 장치이다. 깊은 공간으로 들어가는 라이언의 뒷모습은 관객을 게이머처럼 라이언이 있는 허구의 공간 속으로 몰입시킨다.

한 명의 주인공이 전개하는 모험 이야기의 반복이라는 점에서

〈그래비티〉는 디지털 게임과 유사하다. 서사의 차원뿐 아니라 이미지의 차원에서도 그렇다. 앤드류 달리에 의하면 게이머는 앞으로 전진하기 위해 똑같은 플레이를 자주 되풀이해야 한다. 게임은 시각 이미지를 통한 것이지만 반복적인 플레이를 통해 게이머는 운동 감각을 대리 경험하게 된다.

우주정거장 안의 탈출 캡슐은 두 명만 들어갈 수 있는 좁은 공간이다. 비좁고 폐쇄된 공간이기 때문에 카메라는 라이언의 모습이나 여러 기계 장치들을 아주 가까운 촬영 거리에서 포착한다. 가깝게 촬영된 쇼트와 빠른 카메라 움직임은 관객에게 게임이 만드는 '운동 감각적인 효과'를 전달한다. 〈그래비티〉에 연출된 좁은 공간은 디지털 게임이나 시뮬레이션 라이드simulation ride가 만들어내는 감각과 움직임을 관객에게 전달한다. 관객은 마치 실제로 신체를 움직이며 무엇인가를 타고 있다는 느낌을 받는다. 관객은 라이언의 움직임에 동기화되어, 라이언의 감각을 지각하게 된다. 라이언은 소유즈를 이동시키려 하지만, 우주정거장과 연결된 끈 때문에 움직일 수 없다. 앞으로 나가던 탈출 캡슐이 끈 때문에 뒤로 당겨질 때, 카메라는 미디엄 클로즈업으로 포착된 라이언의 모습을 거꾸로 보여준다. 이어 다시 한 번 캡슐이 흔들릴 때도 카메라는 뒤집힌 라이언의 얼굴을 근접 화면으로 보여준 후 빠르게 360도 회전한다. 선저우에 탑승한 후 지구로 귀환하는 장면에서도 라이언의 모습을 가깝게 포착한다. 빠르게 360도 회전하는 움직임과 심하게 요동치는 캡슐의 움직임은 관객에게 운동 감각적인 효과를 전달한다.

주인공 한 명에 의해 전개되는 단순한 서사는 관객을 공간 체험과 감각적 경험에 집중하게 만든다. 라이언이 홀로 우주에 남게 된 후부터 우주 공간을 보여주는 영화의 방식도 변한다. 카메라는 넓은 공간을 보여주기보다 가까이에서 라이언의 움직임을 포착한다. 더 정확히 말하면 카메라는 빈번히 라이언의 시점으로 공간을 보여준다. 라이언이 국제 우주정거장 안으로 들어가기 위해 필사적으로 애를 쓰는 장면은 디지털 게임과 같은 1인칭 시점으로 되어 있다.

라이언을 도와주던 맷이 사라지고 혼자가 되는 순간 영화는 라이언의 주관적인 시점으로 바뀐다. 라이언의 숨찬 목소리가 들리고, 과호흡으로 흐릿해진 헬멧을 통해 우주정거장 안으로 들어가는 문을 찾는 라이언의 손이 익스트림 클로즈업으로 표현된다. 1인칭 시점으로 공간 이동을 표현하는 '파쿠르parkour' 액션 게임과 같은 쇼트가 이어진다. 관객의 시선은 어떤 매개나 중개 없이 라이언의 시선이 된다. 관객의 몸은 화면 바깥에 있지만, 관객은 자신의 몸이 영화 이미지 속에서 자유롭게 움직이는 것처럼 느껴진다. 움켜쥐고 당기고 밀쳐내는 손의 촉각이 전달된다. 극장에 있는 관객은 중력의 지배를 받지만, 감각은 스크린 안에서 라이언과 함께, 라이언이 되어 모험과 탐색의 공간을 지각한다. 관객은 라이언의 감각을 함께 느낀다. 우주정거장과 탈출 캡슐이라는 좁은 공간은 라이언이 바라본 공간, 라이언과 연결된 공간, 라이언이 지각하는 공간이다.

4. 사유의 공간

라이언에게 공간의 이동은 살아남기 위한 필사적인 투쟁이다. 90분마다 무서운 속도로 날아오는 위성 파편의 물리적인 공격과의 싸움이며, 중력이 있는 지구로 귀환하기 위한 무중력과의 싸움이다. 또한 추위와 불, 물과의 싸움이기도 하다. 공간의 이동을 통해 라이언은 마치 게이머가 게임 공간의 각 레벨을 통과해 높은 단계에 이르는 것처럼 투쟁의 기술을 능숙하게 배워나간다.

파편의 공격이 있기 전 오프닝 시퀀스에서 라이언은 무중력 상태에 적응하지 못해 힘들어한다. 맷이 듣는 컨트리 음악 소리가 귀에 거슬릴 만큼 극도로 예민한 상태이다. 허블 망원경을 수리하다 볼트를 놓치기도 한다. 파편의 공격으로 우주 탐사선에서 튕겨 나온 라이언은 당황하고 허둥거리며 자신의 위치가 어디인지, 어느 방향으로 날아가고 있는지도 모른다. 국제 우주정거장에서 출입문을 찾을 때도 무선 교신을 통해 우주 저편으로 사라진 맷의 도움을 받는다. 그러나 공간을 이동하며 라이언은 투사가 된다. 무서운 속도로 날아오는 위성 파편을 피하며 소유즈호를 움직이려 한다. 볼트와 같은 도구도 능숙하게 다루고 중국 우주정거장에 들어가는 출입문도 쉽게 찾는다. 공간을 이동하면서 라이언의 내면도 변화한다.

공간의 이동은 라이언에게 정신적인 여정이다. 라이언은 우주 공간을 통해 불안과 공포, 상실과 고독을 알게 된다. 공간과의 투쟁은 라이언에게 죽음의 공포와 삶의 의지를 가르쳐준다. 마치 '통과제의' 이야기처럼 공간의 이동은 라이언을 성숙한 인간으로 만들어준다. 영화는 얼굴 클로즈업 쇼트를 통해 공간의 이동이 라이언에게 가져온 정신적 변화를 표현한다. 들뢰즈에 의하면 얼굴은 정서-이미지를 표현하는 곳이다. 들뢰즈는 이렇게 말한다. "정서-이미지, 그것은 클로즈업 쇼트이며, 클로즈업 쇼트는 또한 얼굴이다." 얼굴은 팔이나 다리 같은 신체의 다른 부분처럼 움직이지는 않지만, 신체의 변화들을 수용하고 투영한다. 얼굴은 '정서라고 하는 미시적인 운동이 통과하는 곳'이다. 〈그래비티〉에서 라이언이 공간을 이동하면서 보여준 세 개의 얼굴 클로즈업 쇼트에는 정서의 움직임이 담겨 있다. 라이언의 정신적 변화, 공포와 고독, 죽음에 대한 라이언의 정서를 함축한다.

파편의 공격으로 익스플로러호는 파괴되고, 동료들은 죽는다. 라이언에게 우주는 순식간에 불안과 공포의 공간이 된다. 라이언이 처음 위성 파편의 공격을 받아 어두운 우주의 심연 속에 던져졌을 때, 카메라의 놀라운 움직임이 일어난다. 카메라는 공포에 질린 채 방향도 모르는 어둠 속으로 빠르게 끌려 들어가는 라이언을 클로즈업 쇼트로 보여준다. 라이언을 바라보던 카메라는 미디엄 쇼트에서 클로즈업 쇼트로 천천히 다가가다, 어느 순간 라이언의 헬멧을 관통한다. 헬멧을 관통한 카메라라니! 숨결로 흐릿해진 헬멧 안쪽에 있는 라이언의 눈이 익스트림 클로즈업 쇼트로 분명하게 포착된다. 카메라는 헬멧 안에서 라이언의 눈을 지켜보다 이어 라이언이 바라보는 곳, 헬멧 저편 우주 공간을 흐릿하게 보여준다. 라이언이 바라본 우주이다. 롱테이크로 된 카메라의 움직임 속에서 객관적인 시점과 주관적인 시점이 하나로 연결된다. 카메라의 관찰, 객관적 시점은 인물의 지각, 주관적 시점으로 바뀐다. 이 롱테이크 쇼트에는 관찰 대상으로서의 라이언과 바라보는 주체로서의 라이언이 동시에 있다. 하나의 라이언 속에 두 존재의 모습이 들어 있다. 같지만 다른 모습을 보여주는 것은 관객에게 변화와 차이의 중요성을 알려주는 것이 아닐까?

카메라의 관찰 대상이었던 라이언이 바라보는 주체로 변화하는 것은 어떤 의미일까? 라이언은 이제 우주를 자신의 눈으로 바라볼 수 있게 된다. 같은 우주이지만 전혀 다른 우주가 된다. 위성 파편의 공격을 받기 전 라이언에게 우주는 단지 불편한 공간, 아직 그녀의 육체가 적응하지 못한 공간일 뿐이다. 지구에서처럼 동료들에 둘러싸여 자신의 임무를 수행하는 공간이다. 그러나 파편의 공격은 우주를 공포의 공간으로 변하게 한다. 지구의 일상 공간처럼 보이던 우주가 형태도 없고, 깊이도 끝도 없는 죽음 같은 공간, 공포의 공간이 된다. 영화는 이 순간부터 공포의 눈으로 우주를 보는 라이언의 지각을 전달한다.

상실과 고독의 공간에서도 관객은 두 라이언을 만나게 된다. 파괴된 익스플로러호에서 국제 우주정거장으로 이동하며 라이언은 맷에게 어린 딸의 죽음과 삶의 공허함을 이야기한다. 우주정거장에 도착했지만 무중력으로 튕겨져 나온 맷은 라이언을 위해 서로 연결된 끈을 놓아버린다. 그리고 그는 우주 속으로, 죽음 속으로 멀어져 간다. 라이언은 광활한 우주에서 끈 하나로 연결되어 있던 맷마저 잃어버린다. 맷의 죽음은 라이언을 상실과 고독의 공간 속에 홀로 남겨둔다. 가까스로 우주정거장에 들어온 라이언은 무선 교신으로 애타게 맷을 찾는다. 그러나 아무런 대답이 없다. 절망한 라이언은 우주정거장의 둥근 창으로 저 멀리 있는 지구를 바라본다.

창밖 우주를 배경으로 태풍의 눈이 보이는 둥근 지구의 모습과 창문에 반사된 라이언의 얼굴이 한 프레임 안에 담긴다. 반사된 이미지는 보는 사람과 보이는 대상, 창문을 바라보는 라이언과 창문에 비친 라이언의 얼굴을 동시에 표현한다. 지구의 모습은 선명하지만 라이언의 얼굴은 포커스 아웃되어 흐릿하게 보인다. 라이언의 눈으로 바라보는 지구의 모습이다. 이어 라이언은 통신이 두절된 휴스턴 본부에 자신만이 우주에 남았다는 교신을 남긴다. 이 순간 카메라의 초점은 서서히 변한다. 이제 라이언의 모습을 선명하게 보여준다.

아무도 듣지 못하는 라이언의 말은 독백에 가깝다. 그녀의 말은 혼자 남았지만 살아서 지구로 귀환하겠다는 의지의 표현이다. 카메라의 포커스 이동은 라이언의 정신적 변화, 즉 고독이 독립으로 변한 것을 알려준다. 라이언 혼자 저 우주라는 심연의 공간을 건너 지구로 귀환해야 한다. 이 쇼트에서 창문을 바라보는 라이언의 얼굴과 창문에 반사된 얼굴은 동일하지만 다르다. 한 프레임 안에서 우리는 라이언의 상황과 의지를 보게 된다. 고독한 라이언에서 독립된 존재로 변하는 라이언의 모습을 읽을 수 있다.

죽음이 어떤 것인지 생각하는 것은 죽는 것보다 더 두려운 일인지도 모른다. 지구로 가기 위해 소유즈호의 출발 버튼을 누르는 순간, 연료가 바닥났다는 것을 알게 된 절망의 순간, 라이언은 죽음의 공포와 대면하게 된다. 이제 우주는 라이언에게 죽음을 성찰하게 만드는 공간이다. 라이언은 지구와의 교신도 끊긴 좁고 추운 소유즈호 안에서 눈물을 흘리며 말한다. "모두가 죽는다는 것을 알고 있지만, 나는 오늘 죽을 것이다. 죽음이 두렵다. 누구도 나의 죽음을 슬퍼하거나, 기도해주지 않은 것이다." 위성 통신으로 알 수 없는 외국어, 개 짖는 소리, 아기 울음소리, 자장가 소리가 들린다.

라이언의 눈물은 마치 물방울처럼 둥글게 입체감을 만들며 떨어진다. 그중 하나가 점점 커지면서 화면 앞으로 다가온다. 울고 있는 라이언의 얼굴은 포커스 아웃되어 흐릿한 배경처럼 보인다. 3D로 표현된 눈물방울은 스크린 표면으로 솟아나 관객 앞에 떨어질 듯하다. 그 눈물방울을 닦아 주어야 할 것만 같다. 점점 커지는 눈물방울 위에 라이언의 얼굴이 선명하게 반사된다. 하나의 쇼트에 두 라이언이 있다. 울고 있는 라이언과 눈물방울 속의 라이언. 죽음의 두려움과 지구에 대한 그리움. 같지만 다른 라이언, 같지만 다른 눈물이다. 우주 공간에서 혼자 울고 있는 라이언. 죽음의 공포를 느낀다는 것은 무한한 우주 속에 있는 유한한 인간 존재를 깨닫는다는 것이 아닐까. 둥근 눈물방울은 드넓은 우주 속에 있는 지구의 모습과도 같다. 두려움 속에 울고 있는 라이언은 누군가가 자신의 존재를, 자신의 죽음을 알아주기를 바란다. 지구의 모든 것들을 그리워한다. 죽음에 대한 두려움으로 라이언은 소유즈호에 산소 공급을 중단하고 자살을 시도한다. 그러나 지구에 대한 그리움은 라이언을 다시 깨워 지구로 귀환하게 만든다. 라이언은 딸의 죽음이 준 공허함을 자신의 죽음을 앞두고 극복하게 된다. 라이언은 지구에서의 무의미했던 일상, 딸의 죽음이 가져온 고통조차도, 지구의 모든 것이 그립다. 두려움은 그리움을 만들고 그리움은 지구로 귀환할 용기를 라이언에게 준다.

라이언의 얼굴은 공간이 가져온 정신적 변화를 잘 보여준다. 라이언의 얼굴이 클로즈업된 세 개의 쇼트는 관객을 사유로 이끄는 훌륭한 영화적 이미지이다. 한 쇼트 안에 같지만 다른 라이언의 얼굴을 표현한다. 같지만 다른 것의 의미를 찾아내는 일은 관객의 몫이다. 라이언의 얼굴은 보여주는 이미지가 아니라 읽혀야 하는 이미지, 관객이 해독해야 하는 이미지가 된다. 라이언의 모험이 이루어지는 〈그래비티〉에서 공간은 단순한 우주가 아니다. 들뢰즈가 말하는 임의의 공간, '더 이상 한정된 곳이 아니라 항상 새로 거듭되는 곳'이며, '정신의 힘과 동일한 불특정적인 공간'이다. 〈그래비티〉는 성찰과 사유의 영화이다.

5. 체험과 사유

영화사 초기부터 영화는 움직이지 않고 여행할 수 있는 시각적 장치로 여겨졌다. 노엘 버치Noël Burch는 영화적 장치가 만들어내는 이러한 효과를 '움직이지 않고 즐기는 여행'으로 표현한다. 눈의 즐거움을 만들고, 공간의 이동이라는 환영을 전달하는 것은 영화에 이야기가 등장하기 전 초기 원시 영화의 중요한 미학적 형식이었다. '기차 극장'은 좋은 예이다. 기차 내부처럼 꾸민 극장에서 기차에서 촬영한 영상을 관람하는 관객에게 영화는 여행의 욕망을 대신했다. 톰 거닝Tom Gunning은 이러한 초기 영화를 "볼거리 영화cinema of attractions"라고 부른다. 스펙터클한 형식 그 자체가 영화 미학이 되는 볼거리 영화는 관객의 시각적인 호기심을 유발했으며, 자극적인 스펙터클로 즐거움을 주었다.

디지털 기술이 만든 이미지는 이러한 스펙터클을 더욱 강화한다. 현재의 영화를 영화사 초창기의 원시 영화들과 비교하는 것도 이러한 이유에서이다. 디지털 이미지의 여러 특수 효과와 이미지 조작 기법은 영화에서 이야기의 요소는 약화시키고 감각과 자극, 시각적 충격을 만들어낸다. 특히 공간의 볼거리를 제공하는 '특수 장소 어트랙션'은 근대 오락 형식의 스펙터클 정신을 잘 반영하는 디지털 시각문화의 양식이다.

〈그래비티〉는 디지털 이미지를 통해 '볼거리 영화'의 전통을 계승한다. 10분 넘게 지속되면서 현란한 움직임을 만들어낸 〈그래비티〉의 롱테이크는 여러 대의 카메라로 촬영한 장면을 디지털 편집을 통해 이음새 없이 매끄럽게 연결한 것이다. 카메라의 움직임뿐 아니라 장면 속 인물들의 움직임 역시 디지털로 합성한 것이다. 〈그래비티〉는 디지털 이미지가 만드는 새로운 사실주의, 공간의 단순한 재현이 아닌 체험을 만들어내는 새로운 방식의 '볼거리 영화'이다.

이 영화의 탁월한 점은 우주에서의 모험 이야기가 시각적 즐거움과 감각에 그치지 않는다는 점이다. 라이언이 보여준 우주 공간의 여정은 관객을 불안과 고독, 삶과 죽음에 대한 사유로 이끈다. 〈그래비티〉는 디지털 기술이 만들어낸 이미지가 어떻게 영화적 사유와 연결될 수 있는지를 보여주는 훌륭한 예이다. 현란한 시각적 효과만이 디지털 기술의 산물은 아니다. 새로운 기술은 새로운 방식으로 영화 이미지를 사유로 이끌 수 있다. 체험과 사유의 만남. 〈그래비티〉가 보여주는 영화의 힘이다.

참고 문헌

『뫼비우스의 영화관』에 모인 글들은 영화 평론으로 혹은 연구 논문으로 지면에 발표된 것들이다. 책으로 엮기 위해 많은 문장을 다듬고, 삭제하고, 보충하고 수정했다.
참고문헌은 중요도 순으로 적었다.

I. 영화 미학, 철학

Gilles Deleuze, *Cinéma I. L'image-mouvement*, Minuit, 1983.
_____, *Cinema II. L'image-Temps*, Minuit, 1985.
질 들뢰즈, 『운동-이미지』, 유진상 역, 시각과 언어, 2002.
_____, 『시간-이미지』, 이정하 역, 시각과 언어, 2006.
  * 이 책은 들뢰즈가 진정한 시네필임을 잘 보여준다. 영화를 주

제나 줄거리를 통해 설명하기보다 영화 이미지, 영화적 장치가 표현하는 의미를 철학적으로 해석한다. 유려한 문장은 들뢰즈 철학의 난해한 개념을 잊게 한다. 들뢰즈의 철학을 다 이해하지 못하더라도 영화를 분석하고 새로운 의미를 찾으려는 이들에게 꼭 추천하고 싶은 책!

질 들뢰즈, 『푸르스트와 기호들』, 서동욱 역, 민음사, 1997.

Pascla Bonitzer, *Le champs aveugle*, Gallimard, 1982.

＊책의 제목이 멋있어 읽기 시작했다. 한국어로 '맹목적인 화면', '보지 못하는 화면'이라고 번역할 수 있다. 현재는 시나리오 작가로 더 유명하지만, 젊은 시절 카이에 뒤 시네마(Cahiers du ciéma)의 필진이었던 저자가 잡지에 발표한 글들을 모은 평론집. 화면에서는 보이지 않는, 혹은 관객이 보지 못하는 것이 어떻게 중요한 영화의 미학이 되는가를 알려준다. 영화의 외화면을 라캉의 정신분석학과 연결하여 영화를 분석한다.

장 루이 셰페르, 『영화를 보러 다니는 평범한 남자』, 김이석 역, 이
　　　　모션북스, 2020.

＊영화를 본다는 것은 지극히 주관적이며 경험적인 그리고 직관적이며 시적인 것임을 알려주는 글. 영화의 줄거리를 정리하거나 주제를 찾으려 애쓰는 관객이라며 이 책은 이해하기 어려운 영화-에세이이리라. 그러나 영화를 보며 상상을 통해 수많은 시간을 가로지르고 다양한 기억을 연결할 수 있는 관객에게는 멋진 독서 경험이 될 것이다. 들뢰즈는 이 책을 "이론이 위대한 시를 만들고 있다."라고 극찬했다.

모리스 블랑쇼, 『기다림, 망각』, 박상준 역, 그린비, 2009.

＿＿＿＿＿＿, 『문학의 공간』, 이달승 역, 그린비, 2010.

앙드레 바쟁, 『영화란 무엇인가?』, 박상규 역, 사문난적, 2013.

미셸 시옹, 『영화와 소리』, 지명혁 역, 민음사, 2000.

_____, 『영화의 목소리』, 박선주 역, 동문선, 2005.

자크 오몽, 『영화 속의 얼굴』, 김호영 역, 마음산책, 2006.

_____, 『멈추지 않는 눈』, 심은진·박지회 역, 아카넷, 2019.

수전 손택, 『해석에 반대한다』, 이민아 역, 이후, 2009.

로라 멀비, 『1초에 24번의 죽음』, 이기형·이찬욱 역, 현실문화연구, 2007.

앨프리드 히치콕·프랑수와 트뤼포, 『히치콕과의 대화』, 곽한주·이채훈 역, 한나래, 1994.

레지스 드브레, 『이미지의 삶과 죽음』, 정진국 역, 글항아리, 2011.

엠마뉴엘 시에티, 『쇼트』, 심은진 역, 이화여자대학교출판부, 2006.

루이스 자네티, 『영화의 이해』, 진기행 역, 현암사, 2004.

토마스 엘세서·케이 호프만(편저), 김성욱 외(편역), 『디지털 시대의 영화』, 한나래, 2002.

Serge Daney, *Ciné-journal*, Cahiers du cinéma, 1986.

Giorgio Agamben, *Image et mémoire*, Hoebeck, 1998.

Georges Didi-Huberman, *Ce que nous voyons, ce qui nous regarde*, Minuit, 1992.

II. 영화 감독론

로랑 티라르, 『거장의 노트를 훔치다』, 조동섭 역, 나비장책, 2007.

제임스 모나코, 『뉴 웨이브』, 권영성, 민현준 역, 한나래, 1996.

『에릭 로메르』, 문화학교 서울 엮음, 문화학교 서울, 2001.

이동진, 『이동진의 부메랑 인터뷰』, 위즈덤하우스, 2020.

이동진, 『이동진이 말하는 봉준호의 세계』, 위즈덤하우스, 2020.

로베르 브레송, 『시네마토그래프에 대한 노트』, 이윤영 역, 문학과
　　지성, 2021.

『로베르 브레송의 세계』, 한상준·홍성남 편, 한나래, 1999.

Stephen Teo, *Wong Kar-Wai*. BIF, 2005.

Thierry Jousse, *Wong Kar-Wai,* Paris: Cahiers du cinema,
　　2006.

Frédéric Strauass, *Almodóvar on Almodvóar*, trans. by Yves
　　Baigneers, Faber and Faber, 2006.

Alain Bergala, *Abbas Kiarostami*, Cahiers du Cinéma, 2004.

Youssef Ishaghpour, *Kiarostami, Le reél, face et pile*. Les
　　Editions Circé, 2007.

Jean-Luc Nancy, *L'Evidence du film, Abbas Kiarostami*,
　　Yves Gevaert Edituer, 2001.